이 얼마나 놀라운 관찰력인가. ⬚⬚⬚⬚⬚⬚⬚⬚⬚⬚⬚⬚⬚⬚, 요즘 사람들의 라이프 스타일 변⬚⬚⬚⬚⬚⬚⬚⬚⬚⬚⬚⬚⬚⬚⬚화를 정확하게 짚어내는 책이다. 수⬚⬚⬚⬚⬚⬚⬚⬚⬚⬚⬚⬚⬚⬚다.

이 책은 '빨리 감기로 영화를 보는 사람들'이라는 현상 속에서 우리의 욕망과 라이프 스타일 그리고 미디어와 콘텐츠의 트렌드와 미래를 읽어낸다. 어떤 새롭고 특이한 현상 하나를 깊이 파고들며 그 속에 담긴 이유와 배경, 방향을 파악하는 건 트렌드 분석의 접근 방법이기도 하다. 빨리 감기 시청은 소비자의 진화가 만든 결과이고, 그것을 주도한 것은 디지털 네이티브이자 Z세대다. 즉 빨리 감기 시청은 앞으로 더 확대될 수밖에 없고, 제작과 생산도 소비자의 진화를 따라갈 수밖에 없다. 작은 현상처럼 보이는 빨리 감기 시청은 아주 거대한 변화를 앞당기는 불씨인 셈이다.

한발 늦었다. 이런 책을 내가 썼어야 하는 건데. 목차를 보자마자 흐뭇한 아쉬움이 훅 밀려들었다. 작은 질문에서 시작한 거대한 이야기. '시간 가성비'를 정의로 받아들이는 Z세대에 대한 다각도의 분석은 트렌드를 읽고 싶은 사람들에게 반짝이는 영감을 줄 것이다. 거의 모든 페이지에 밑줄을 그으며 읽었다.

영화를
빨리 감기로 보는
사람들

영화를
빨리 감기로 보는
사람들

이나다 도요시 지음 | 황미숙 옮김

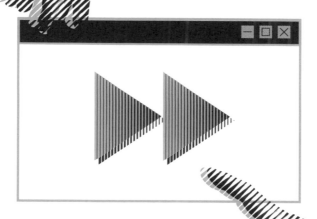

가성비의 시대가 불러온
콘텐츠 트렌드의 거대한 변화

현대
지성

목차

제2장 대사로 전부 설명해주길 바라는 사람들
모두에게 친절한 세계관

제3장 ▶ 실패하고 싶지 않은 사람들
⇥ 개성이라는 족쇄

제4장 ▶▶ 좋아하는 것을 무시당하고 싶지 않은 사람들
⤳ '상쾌해야' 찾는다

제5장 **무란심한 고객들**

┄┄┅ **앞으로 영상 콘텐츠 시장은 어떻게 될 것인가**

VHS

들어가며

작품에서 콘텐츠로

SLP▶
SOURCE

SLP▶
DEST

문득 컴퓨터로 넷플릭스Netflix를 시청하다가 영상을 1.5배속으로 재생할 수 있다는 걸 알게 되었다. 예전에는 없던 기능이었다. 1.5배속으로 보면 대사는 빨라지지만 알아듣기에 문제가 없고, 자막도 속도에 맞춰서 나온다.

2019년 8월, 미국 넷플릭스사가 안드로이드 스마트폰 및 태블릿용 애플리케이션에 재생 속도를 선택할 수 있는 기능을 추가했다. 그 후 iOS 단말기와 웹에도 이 기능을 도입했고, 해외 서비스에도 순차적으로 같은 기능을 추가했다. 시청자는 0.5배, 0.75배, 1배(표준), 1.25배, 1.5배 중 재생 속도를 선택할 수 있다.

그뿐 아니라 '10초 앞으로', '10초 뒤로' 버튼도 있다. 이 버튼을 누르거나 화면을 빠르게 두 번 터치하면 순간적으로 10초 후 또는 10초 전으로 날아간다(스킵). TV에서는 빨리 감기(배속)가 불가능하나 리모컨 오른쪽 키를 누르면 10초 건너뛰기, 왼쪽 키를 누르면 10초 되감기가 가능하다.

단말기나 OS에 따라 다소 다르지만 많은 온라인 동영상 서비스OTT, Over the Top가 빨리 감기 기능이나 스킵 기능을 기본적으로 제공한다. 유튜브에서는 재생 속도의 폭을 0.25배에서 2배까지 0.25단위로 세세하게 설정할 수 있으며, 10초

(5초) 빨리 감기, 10초(5초) 되감기도 가능하다. 스마트폰에서는 탭 동작으로, 컴퓨터에서는 단축키를 사용하면 자유자재로 속도를 조작할 수 있다.

제대로 듣지 못한 대사를 다시 듣기 위해 10초를 되돌리는 행동은 이해할 만하다. 그런데 처음 보는 영화를 10초씩 건너뛰거나 빨리 감기로 보는 건 왜일까?

◀◀

영화와 드라마를 빨리 감기로 보는 사람들

▶▶

잡지 『아에라』AERA 2021년 1월 18일 호에 한 기사가 실렸다. 자칫 불편할 수 있는 그 기사는 「'귀멸의 칼날' 흥행의 이면: 늘어나는 배속·다른 일 하면서 보기·분량 감소」라는 제목의 글이었다. 이 글에서 영화를 원래 속도로 보지 못하는 남성(만 37세)이 소개되었다. 그 남성은 "빨리 감기로 보면서, 대화를 나누지 않거나 풍경만 나오는 장면은 건너뛴다"라고 말했다. 같은 기사에서 또 다른 여성(만 48세)은 "넷플릭스에서 한국 드라마 《사랑의 불시착》을 시청할 때 '주인공과 관련 없는 장면은 관심이 없어서' 빨리 감기로 돌려서 보았다"라고 했다.

이 기사는 많은 반향을 일으켰다. 나 역시 과거에 빨리 감기에 빠져 있던 때가 있었다. 출판사에서 DVD 관련 잡지 편집부에 몸담고 있던 시절, 매달 정해진 시기가 되면 부원이

총출동하여 수많은 비디오 샘플을 봐야 했다. 새롭게 출시된 DVD 작품들이 얼마나 팔릴지를 예측하여 잡지에 실을 순서를 정하기 위해서였다.

샘플은 대부분 순서 검토 회의가 있기 며칠 전에야 내 손에 들어왔다. 회사에서 막차를 타고 귀가하여 다음 날 아침까지 2시간짜리 영화를 세 편이나 봐야 하는 날이 셀 수 없이 많았다. 바로 이때 빨리 감기의 효과를 맛보았다. 기사 속 남성처럼 나 역시 대화가 없는 장면이나 풍경 묘사는 건너뛰면서 보았다. 대화 장면도 빨리 감기로 보았다. 해외 작품이 많아서 소리가 없어도 자막으로 내용을 따라갈 수 있었다. 볼거리가 있는 액션 장면이나 정사 장면처럼 매출에 직접적으로 영향을 주는 장면만 보통 속도로 보면서 확인했다. 8년도 넘게 그렇게 일했다.

그러던 어느 날, 빨리 감기로 한 번 시청했던 작품을 다시 보고는 놀라지 않을 수 없었다. 느낌이 전혀 달랐다. 처음 보는 작품을 빠른 속도로 보았으니, 그 묘미를(물론 어디까지나 개인적 의견이지만) 절반도 맛보지 못했던 것 같다.

스토리는 알고 있던 그대로였다. 볼거리도 기억에 남아 있었다. 하지만 인물이 보여주는 세세한 감정의 변화, 대화를 통해 배어 나오는 캐릭터, 인물 간 관계성, 미술과 소도구, 로케이션 현장의 아름다움, 연출의 리듬과 생생한 분위기를 충분히 맛보았다고 말하기는 힘들었다. 당시에는 일이었으니

어쩔 수 없었다고 치더라도 말이다.

　이런 경험 때문에 『아에라』의 기사가 불편하게 느껴졌다. '그렇게 봐서는 작품을 제대로 맛보지 못할 텐데….' 물론 이 혼잣말은 과거 나 자신을 향한 것이었다.

◀◀

20대만 빨리 감기를 할까?

▶▶

대사 없이 흘러가는 10초간의 장면에는 '10초간의 침묵'이라는 연출 의도가 있다. 침묵에서 비롯된 어색함, 긴장감, 생각에 잠긴 배우의 표정은 모두 만든 이가 의도한 연출이다. 그렇기에 그 장면은 9초도 11초도 아닌, 10초여야만 한다.

　누구도 좋은 음악을 빨리 감기로 듣지는 않는다. 심지어 이런 행위를 아티스트에 대한 모독으로 여기기도 한다. 하지만 영상을 1.5배속으로 시청하거나 대화가 없고 움직임이 적은 장면을 주저 없이 10초씩 건너뛰며 시청하는 사람은 많다. 비단 과거의 나처럼 일 때문에 어쩔 수 없어서만은 아닌 것 같다.

　리서치 회사인 크로스 마케팅이 2021년 3월에 실시한 조사 결과에 따르면, 20~69세 남녀 중 빨리 감기로 영상을 시청한 경험이 있는 사람은 34.4퍼센트였다. 20대 남성이 가장 많은 54.5퍼센트, 20대 여성이 43.6퍼센트를 차지했다. 이어서 30대 남성이 35.5퍼센트, 30대 여성이 32.7퍼센트였다(표 1). 남녀를 합산하면 20대 전체의 49.1퍼센트가 빨리 감기 경험자였다.

이 수치만으로 빨리 감기 시청 경험이 많다거나 적다고 말하기는 힘들다. 하지만 적어도 일 외에 다른 이유로도 빨리 감기를 한다고 유추하는 편이 합리적이다. 조사 대상 중 영상 업계 종사자가 그렇게 많다고 보기는 어렵기 때문이다.

학생들은 어떨까? 필자는 2021년 12월에 아오야마 가쿠인대학에서 2~4학년 학생들에게 수업을 진행한 후 수강생 128명을 대상으로 설문조사를 했다. 그 결과, 빨리 감기를 '자주 한다', '때때로 한다'라고 응답한 비율이 66.5퍼센트로, '거의 하지 않는다'까지 포함하면 87.6퍼센트에 달했다(표2). 앞서 '20대의 49.1퍼센트가 빨리 감기 경험자'라는 결과보다 훨씬 비율이 높았다.

조사 대상이나 선택지의 미묘한 차이를 염두에 두어야겠지만 '20대 전체의 49.1퍼센트', '대학교 2~4학년생(대략 만 19~22세)의 87.6퍼센트'가 빨리 감기 경험자라는 결과로 봤을 때, 어릴수록 빨리 감기 기능을 사용해 본 비율이 높다고 말할 수 있다. 또한 위에서 언급한 아오야마 가쿠인대학의 설문조사에서 10초씩 건너뛰며 시청하느냐는 질문에 '자주 그렇다', '때때로 그렇다'고 응답한 비율은 빨리 감기 시청자보다 더 많은 75.8퍼센트이며, '별로 그렇지 않다'까지 포함하면

91.4퍼센트에 달한다. 어쨌든 20대 대부분이 빨리 감기나 건너뛰기로 영상을 시청한 경험이 있었다.

한편, 크로스 마케팅의 조사에 의하면 빨리 감기로 시청하려는 영상 콘텐츠 1위가 드라마(35.7퍼센트), 2위가 뉴스(28.3퍼센트), 3위가 예능 프로그램(25.9퍼센트), 4위가 영화(23.8퍼센트), 5위 유튜브 자체 콘텐츠(23.0퍼센트)였다.

아오야마 가쿠인대학의 조사 결과에서는 빨리 감기로 보려는 영상 콘텐츠 중 1위가 대학 강의(57.8퍼센트), 2위가 유튜브 자체 콘텐츠(50.8퍼센트), 3위가 드라마(23.4퍼센트), 4위가 애니메이션(영화 및 애니메이션 시리즈 합산, 22.6퍼센트), 5위가 보도·다큐멘터리(19.5퍼센트), 6위가 영화(17.2퍼센트)였다.

뉴스나 보도처럼 정보성 콘텐츠를 빨리 감기로 시청하는 것은 어느 정도 이해가 된다. 그런데 '드라마', '영화', '애니메이션'까지 빨리 감기로 보는 건 왜일까? 여기에는 크게 세 가지 배경이 있다.

◀◀

봐야 할 작품이 너무 많다

▶▶

첫 번째로, 봐야 할 작품이 너무 많다. 우리는 역사상 가장 많은 영상 작품을, 가장 값싸게 볼 수 있는 시대에 살고 있다.

과거, 그래봐야 겨우 수십 년 전만 해도 영상 작품을 감

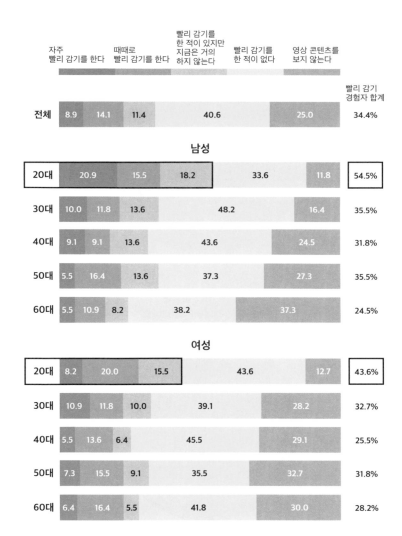

	자주 빨리 감기를 한다	때때로 빨리 감기를 한다	빨리 감기를 한 적이 있지만 지금은 거의 하지 않는다	빨리 감기를 한 적이 없다	영상 콘텐츠를 보지 않는다	빨리 감기 경험자 합계
전체	8.9	14.1	11.4	40.6	25.0	34.4%

남성

	자주 빨리 감기를 한다	때때로 빨리 감기를 한다	빨리 감기를 한 적이 있지만 지금은 거의 하지 않는다	빨리 감기를 한 적이 없다	영상 콘텐츠를 보지 않는다	빨리 감기 경험자 합계
20대	20.9	15.5	18.2	33.6	11.8	54.5%
30대	10.0	11.8	13.6	48.2	16.4	35.5%
40대	9.1	9.1	13.6	43.6	24.5	31.8%
50대	5.5	16.4	13.6	37.3	27.3	35.5%
60대	5.5	10.9	8.2	38.2	37.3	24.5%

여성

	자주 빨리 감기를 한다	때때로 빨리 감기를 한다	빨리 감기를 한 적이 있지만 지금은 거의 하지 않는다	빨리 감기를 한 적이 없다	영상 콘텐츠를 보지 않는다	빨리 감기 경험자 합계
20대	8.2	20.0	15.5	43.6	12.7	43.6%
30대	10.9	11.8	10.0	39.1	28.2	32.7%
40대	5.5	13.6	6.4	45.5	29.1	25.5%
50대	7.3	15.5	9.1	35.5	32.7	31.8%
60대	6.4	16.4	5.5	41.8	30.0	28.2%

표1 영상 콘텐츠 빨리 감기 경험

☞ 크로스 마케팅 〈영상 빨리 감기에 관한 조사〉(2021년)에 근거하여 작성. 조사 인원은 세대별로 110명이며 총 1,100명이다.

**당신은 평소 영상을
빨리 감기로 보나요?**

전혀 그렇지 않다
12.5퍼센트

자주 그렇다
35.2퍼센트

별로 그렇지 않다
21.1퍼센트

때때로 그렇다
31.3퍼센트

**당신은 평소 영상을
10초 정도 건너뛰면서 보나요?**

전혀 그렇지 않다
8.6퍼센트

별로 그렇지 않다
15.6퍼센트

자주 그렇다
50.0퍼센트

때때로 그렇다
25.8퍼센트

표2 아오야마 가쿠인대학 2~4학년 대상 설문조사

☞ 필자 진행 조사(2021년 2월), 조사 인원은 128명이다.

상하려면 조금 더 많은 돈이 들었다. 드라마를 DVD로 대여해 본다고 해도 DVD 한 장에 드라마가 2회 정도밖에 담겨 있지 않았고, 대여료도 지불해야 했다. 지금처럼 값싸게 많은 영상을 볼 수 있는 온라인 동영상 서비스도 없었다. 그래서 수많은 영상을 보려면 그만큼 돈을 들일 각오를 해야 했고, 기껏해야 영화 마니아나 드라마 애호가, 애니메이션 팬 정도만 그만한 돈을 지불했다.

그러나 요즘에는 넷플릭스를 비롯한 OTT를 이용하면 매달 천 엔 내외의 저렴한 비용으로 '원하는 만큼' 영상을 볼 수 있다. 적은 비용으로 한 달에 몇십 편, 마음만 먹으면 몇백 편의 영화나 드라마, 애니메이션을 즐길 수 있는 셈이다.

넷플릭스에서 월정액 요금으로 볼 수 있는 작품 수는 아무리 적게 잡아도 '수천 편 이상'이다. 여기에 지상파 TV, 기타 방송 미디어, 유튜브를 비롯한 무료 영상까지 더하면 작품 수가 엄청나게 늘어난다. 분명한 공급 과잉이다.

그중에서도 화제가 되는 작품을 모두 감상하려면 상당한 시간을 할애해야 한다. 인기 드라마 《이태원 클라쓰》는 한 시리즈가 총 16회다. TV 애니메이션 《귀멸의 칼날》은 모두 26회이고, 마블은 2시간짜리 영화 20여 편을 《어벤져스》라는 하나의 세계관으로 엮어냈다(2022년 2월 현재). 아무리 시간이 많아도 이 작품을 모두 느긋하게 감상하기는 쉽지 않다.

게다가 작품은 앞으로도 계속 늘어난다. 2021년 4월에 발표된 넷플릭스의 2021년도 1분기 수익 보고서에 의하면 넷플릭스의 연간 콘텐츠 제작 비용은 170억 달러 이상이다. 엔화로 환산하면 2조 엔이 넘는다(2022년 2월 환율 기준). 이는 2019년도 139억 달러, 코로나 바이러스 확대로 제작에 차질이 생긴 2020년 118억 달러보다도 훨씬 많다. 2조 엔이라고 하면 감이 잘 오지 않을지도 모르겠다. 이는 일본의 연간 영화 흥행 수입의 최고액인 2600억 엔(2019년)의 약 8배에 해당하는 금액이다. 넷플릭스 한 군데의 제작 비용인데 말이다.

이처럼 방대한 영상 작품을 모두 감상하기에는 시간이 턱없이 부족하다. 현대인은 이미 쏟아지는 미디어와 서비스에 많은 시간을 빼앗기고 있다. 영상 미디어뿐 아니라 트위터나 인스타그램 같은 SNS도 우리의 시간을 호시탐탐 노린다.

유행을 따라가려면 봐야 할 작품도, 주기적으로 확인해야 할 SNS도 넘쳐나는데 시간이 부족하니 빨리 감기라는 기능이 인기를 끈다. 10~20대 사이에서는 이전부터 빨리 감기가 당연시되었다. '바쁘기도 하고, 친구들이 하는 이야기를 따라가기만 하면 되니까 녹화해서 빨리 감기로 본다', '내용만 대충 보고 세세한 부분은 블로그나 위키피디아에서 확인한다' 등의 이야기는 옛날부터 있었다.

미디어 플랫폼 '노트'에서 청년들의 트렌드나 소비 동향을 보고하는 「청년 사용설명서」를 보면 2019년 10월 초에 이미 "압축, 배속, 건너뛰기로 영화를 보는 행위는 청년의 기본적인 행동 양식"라는 코멘트가 등장한다. 이 「청년 사용설명서」는 유메메, 홋치라는 이름의 1995년, 1996년생 여성이 만든다. 유메메 씨의 본업은 Z세대를 조사하는 마케터이다. 청년에 관한 그녀의 분석과 Z세대인 자신에 관한 이야기는 다음 장 이후로도 계속 듣게 될 것이다.

◀◀

시간에서도 '가성비'를 따진다

▶▶

두 번째 배경으로, 가성비를 추구하는 사람들이 늘었다. 빨리 감기, 10초 건너뛰기로 영상을 보는 사람들이 추구하는 것은 '시간 가성비'다. 일본 젊은이들 사이에서는 '타임 퍼포먼스'라고 불린다.

구글 트렌드에서 '가성비'라는 단어의 일본 내 검색 인기도를 조사해보면 2010년부터 2013년까지는 10~20였던 인기도 지수가 2019년 이후에는 90을 밑도는 법이 거의 없어졌다. 수십만 명의 팔로워를 자랑하는 어느 경영 관련 인플루언서가 트위터에서 영화를 빨리 감기로 본다고 이야기했을 때도 우호적인 댓글이 많았다.

그들은 영화나 드라마 빨리 감기를 속독처럼 받아들인다. 속독처럼 훈련을 통해 영상 작품을 효율적으로 감상할 수 있다고 여기는 것이다. 가벼운 자기계발서라면 몰라도 왜 영상 작품에서까지 가성비를 추구할까? '인기 있는 작품을 보고 싶어서'라는 말만으로 충분한 이유가 될까?

청년층 리서치, 대학 강의, 구직 지원 등을 통해 대학생들과 접할 기회가 많은 '하쿠호도 DY미디어 파트너즈' 미디어 환경연구소 모리나가 씨의 말에서 그 힌트를 찾을 수 있다. 모리나가 씨에 따르면 대학생들은 취미나 오락에서 쉽게 무언가를 얻거나 빠르게 전문가가 되고 싶어 한다. 그러면서도 멀리 돌아가는 것은 꺼린다. 방대한 시간을 들여 몇백 편, 몇천 편의 작품을 보거나 읽는 과정, 많은 시행착오를 겪으며 자기만의 관점을 얻는 과정, 결국에는 인생작을 만나 그 분야의 전문가가 되는 과정을 전혀 선호하지 않는다.

그들은 "봐야 할 중요한 작품의 목록을 알려 달라"고 한다. 지름길을 찾는다. 작품을 감상하는 시간이 그들에게는 낭비이기 때문이다. 그들은 시간 가성비가 나쁜 것을 두려워하며, 이를 '타임 퍼포먼스가 나쁘다'라고 형용한다.

◀◀

작품과 콘텐츠, 감상과 소비

▶▶

낭비는 악이다. 가성비야말로 정의다.

자기계발 온라인 커뮤니티는 '성공'을 열망하는 사람들로 넘쳐난다. 한방에 인생 역전을 노리는 사람들이다. 그들은 "성공하려면 OO가지만 기억하라", "잘나가는 사람들의 OO가지 비밀"과 같은 '치트(cheat, 게임이나 프로그램을 부정하게 바꾸어 캐릭터의 능력을 향상시키거나 아이템 또는 돈을 늘리는 것)'를 찾는다. 라이프 핵Life Hack의 한 형태로 볼 수 있지만 치트의 원래 의미는 '부정행위', '속임수', '사기'다.

꾸준하게 노력해봐야 보상이 따라올 보장도 없는 시대이다 보니 이해는 된다. 다만 그것을 영상 작품에서까지 추구해야 하느냐다. 아니, 우리는 더 이상 그것을 영상 '작품'이라고 부르지 않는다. 그 대신 '콘텐츠'라는 말을 사용한다. 영화나 드라마 등 영상 작품을 포함한 다양한 미디어 오락을 '콘텐츠'라고 총칭하기 시작한 것은 언제부터였을까? 이제는 "작품을 감상한다"보다 "콘텐츠를 소비한다"라고 말하는 편이 더 익숙하다.

정의를 분명히 해두자. '감상'의 목적은 행위 자체이다. 모티브나 테마가 숭고한지, 예술성이 높은지 어떤지는 문제가 되지 않는다. 다만 작품을 접하고, 음미하고, 몰두하는 것만으로 독립적인 기쁨과 희열을 느낀다면 '감상'이라고 할 수 있다. '소비'에는 다른 실리적인 목적이 수반된다. '화제를 따라가기 위해', '다른 사람과 소통하기 위해' 작품을 보는 행위가 이에 속한다.

식사에 비유하면 '감상'은 식사 자체를 즐기는 것이고, '소비'는 영양을 계획적으로 섭취하기 위해 혹은 근육을 키우기 위해 먹는 것을 말한다. '감상'으로 이어지는 '작품'과 '소비'로 이어지는 '콘텐츠'는 '양'이라는 잣대로도 구별할 수 있다.

콘텐츠는 본래 '내용물'이나 '용량'을 의미하며, 전자매체상의 정보나 제작물을 가리키는 용어로 사용되었다. 이러한 경위로 보건대 '콘텐츠'라는 호칭에는 처음부터 수치화할 수 있는 양(데이터 크기나 시청에 필요한 시간)으로 환산하여 정보를 파악하려는 의지가 들어 있었던 셈이다. 그래서 '단시간'에 '대량'으로 소비함으로써 얻어지는 쾌감이 만족 요소에 들어간다.

하지만 '작품'은 '양'을 초월한다. 작품은 '양'의 잣대를 거부한다. 감상에 필요한 시간(비용)과 감상으로 얻는 체험(효과)을 비교하는 것은 무의미하다. 작품을 감상하고 몇 년이 흐른 후에야 영감이나 계시가 폭발하기도 한다. '실리', '유용성'은 우선순위가 아니다. 어떤 '작품'이 좋고 나쁜지 가르는 기준을 굳이 설정한다면 '감상자의 인생에 끼친 영향'이라고 말할 수 있다. 하지만 그것은 수치화할 수 없으며 한 작품이 다른 감상자에게 같은 영향을 주지도 않는다는 점에서 재현성도 전무하다.

영상 작품은 시청자에게 어떤 의미를 가지느냐에 따라 '콘텐츠'로 불리기도 하고, '작품'으로 불리기도 한다. 시청자는 영상 작품을 '소비'할 수도 있고 '감상'할 수도 있다.

▶ ▶▶ ▶∣

◀◀

패스트푸드처럼 '배만 채우는' 콘텐츠

▶▶

영상을 보는 목적이 '소비'라면 10초를 건너뛰든 빨리 감기로 보든 상관없다. 이는 패스트푸드를 기계적으로 빠르게 먹거나, 씹지 않고 삼키는 행위와 다르지 않다. 칼로리 섭취가 목적이지, 식사 그 자체를 즐기는 건 아니기 때문이다. 이런 의미에서 콘텐츠를 '섭취한다'는 것도 적절한 표현이다.

패스트푸드에서 연상되는 토픽이 있다. 유튜브에는 영화 한 편을 몇 분에서 수십 분 정도의 영상으로 축약해 결말까지 해설해주는 채널이 여럿 있다. '패스트무비'라고 불리는 영상이다. 패스트fast란 '신속한, 즉석의'라는 의미다. '몰아보기', '줄거리 영상' 등으로도 불리는 이 영상들은 당연히 저작물을 불법으로 업로드한 것이다. 일본에서는 2021년 6월에 처음 이런 범죄가 발생했고 11월에 유죄판결이 내려졌다. 하지만 내가 이 원고를 집필하는 시점에도 이러한 행위가 근절되지 않았다(최근에는 제작사 공식 채널에서 홍보용으로 이런 영상을 업로드하기도 한다).

해당 채널 운영진은 불법 다운로드한 영상 데이터를 멋대로 편집하고 짧게 정리하여 유튜브에 올림으로써 광고 수입을 얻는다. 위법성이나 윤리관 결여, 저작권자의 피해에 관한 이야기는 일단 제쳐두자. 여기서 중요한 것은 그 영상에 많은 니즈가 있었다는 사실이다. 한 영상 당 수만에서 수십만 번, 인기 작품은 수백만 번이나 재생되었으니 실로 대단한 수효다.

일본 콘텐츠 해외유통 촉진기구CODA의 조사에 의하면 불법 몰아보기 사이트는 이전부터 존재했으나 코로나 바이러스의 확산으로 사람들이 외출을 자제하고 집에 머물기 시작한 2020년 봄 무렵부터 급증했다고 한다. 중국어권이나 한국에도 이런 영상이 존재하지만 영어권에서는 활발하게 확인되지 않는다는 보고도 있다.

◀◀

꼭 모든 것을 대사로 설명해야 할까?

▶▶

세 번째 배경은 대사로 모든 것을 설명하는 영상 작품이 늘어난 데 있다. 본래 영상 작품에서는 배우의 표정으로 슬픔을 드러내고, 땀을 닦는 동작으로 곤란한 상황임을 나타낸다. 배우가 "슬프다", "어떡하지" 등을 입에 담을 필요가 없다.

그런데 요즘에는 자신이 기쁜지 슬픈지, 지금 어떤 상황에 놓여 있는지를 배우가 대사로 일일이 설명하려는 작품이 많다. 연출을 보고 읽어낼 필요가 없어진 셈이다. TV 애니메이션《귀멸의 칼날》제1회. 주인공 카마도 탄지로가 눈 속을 달리면서 "숨이 차다, 얼어 있던 공기 때문에 폐가 아프다"라고 말한다. 눈이 쏟아지는 가운데 절벽에서 낙하하고는 "눈 덕분에 살았군"이라고 한다.

굳이 이런 대사가 필요할까? 말로 설명하지 않아도 애니메이션 연출과 성우의 숨결이 느껴지는 연기만으로도 충분히 상황을 알 수 있는데 말이다. 원작을 그대로 살린 대사이기는 하지만 흑백 만화와 컬러로 움직이는 애니메이션은 정보량이 완전히 다르다. 만화에서는 한 장의 그림으로 전달하지 못하는 정보를 독백으로 보충할 수 있지만 애니메이션에서도 그 보충 정보가 꼭 필요한 것은 아니다.

《귀멸의 칼날》뿐 아니라 실사 영화나 드라마 중에도 그런 작품이 늘어났다. 그런 작품에 익숙해진 사람들이 "대사가 없는 장면은 건너뛰어도 문제없다", "자막만 따라가면 상황을 파악할 수 있다"라고 여기는 것은 당연하다.

어쩌면 반대일지도 모르겠다. 제작자 측의 과잉 친절로 설명이 과도한 작품이 세상에 넘쳐나서 시청자의 이해력이 하향 평준화된 것은 아닐까?

오랜 세월 '이해하기 어려운 작품'으로 손에 꼽혀온 데다 그마저도 작품의 깊이로 여겨지는 《신세기 에반게리온》의 총감독 안노 히데아키는 《신 에반게리온 극장판》의 제작에 동행한 다큐멘터리 취재를 승낙한 이유에 대해 이렇게 말했다.

"재미있다는 것을 어느 정도 보여주지 않으면 잘되기 힘든 시대인 것 같아요. 수수께끼에 둘러싸인 내용을 즐기는 사람들이 줄어든 세상이거든요."

◀◀

'건너뛴 10초' 속에 있는 것들

▶▶

빨리 감기를 하거나 건너뛰기를 하는 사람들은 스토리를 따라가는 데 필요한 정보가 대사나 내레이션으로 모두 나온다고 믿는 듯하다. 하지만 그렇지 않다. 아무도 없는 방에 얼음이 다 녹지 않은 채 마시다 만 위스키 잔이 있다면 그것은 '위스키를 마시던 사람이 방을 나간 지 얼마 지나지 않은 상황'을 나타낸다. 남편이 퇴근해 집에 들어왔는데도 "다녀왔어요", "수고했어요"라는 말이 오가지 않는다면 부부 사이가 원만하지 못함을 알 수 있다. 한 소도구가 필요 이상으로 오래 화면에 잡힌다면 전개상 어떤 의미를 담고 있을 것이다.

교훈이나 풍자를 이야기 형식으로 전달하는 우화에서도 직접적인 설명은 하지 않는다. 전달하고 싶은 바를 다른 방식으로 나타냈기 때문이다. 화면에 비친 아름다운 자연이나 사람들의 행동을 '단지 바라만 보는' 것도 영상 작품의 묘미다. 그림이나 사진을 감상하듯 영상 속 아름다운 배치와 구도, 색감을 가만히 바라보고 그것이 어떤 주제를 비유한 것인지 생각해보는 즐거움이다.

하지만 건너뛰기나 빨리 감기로는 이런 것을 읽어낼 수

없다. 이는 마치 자전거를 타고 미술관 내를 돌며 작품을 빠르게 훑는 것과 비슷하다(과거 필자가 했던 행위다. 거듭 가슴이 아플 따름이다).

◀◀

속독이나 초역과는 무엇이 다른가

▶▶

영상을 이런 식으로 시청하는 게 문제라면 책을 속독하는 것이나 해외 문학의 초역抄譯(원문을 군데군데 발췌하여 번역) 혹은 드라마 총집편總集編(지금까지 전개되었던 이야기를 요약해서 보여주는 에피소드로 주로 장편 애니메이션이나 대하드라마 완결 전에 방영된다―편집자)도 문제가 될까? 왜 속독과 초역에 거부감을 느끼는 사람은 적은데 영상을 빨리 감기로 보는 것에 거부감을 느끼는 사람은 많을까?

　우선 속독부터 생각해보자. 속독이 글의 감상이나 이해를 저해하느냐 마느냐에 대한 이야기는 논외로 두자. 연극과 책 모두 영상으로 짜인 이야기의 원형 가운데 하나다. 그러나 둘 사이에는 커다란 차이가 있다. 연극은 처음부터 감상자가 자신의 방식대로 볼 수 있는 장르가 아니었다. 반면에 책은 출현할 때부터 독자가 자신만의 방식과 속도로 읽을 자유가 허용되었다. 속독은 독서라는 행위의 일종이다. 빨리 감기도 속독처럼 감상 방법 중 하나일지 모르지만 같은 차원에서 이야기할 거리는 아니다.

초역과 총집편은 누가 그것을 만들었느냐가 중요하다. 초역 작업을 한 이는 작가이거나 그와 비슷할 정도로 문학에 조예가 깊은 전문 번역가일 테고, 총집편의 편집자는 해당 드라마의 내용을 숙지하고 있는 연출가 중 하나이다. 본편의 감독이나 편집자가 직접 편집하는 경우도 많다. 즉 초역이나 총집편은 '전문가의 확인을 받은', '작품의 참맛을 최대한 훼손하지 않고자 배려한' 결과물인 셈이다. 그러니 이 역시 한 시청자의 마음대로 손쉽게 시청 속도를 바꿀 수 있는 배속 시청과 동일선상에 놓고 이야기할 수는 없다.

그런 의미에서 '패스트무비'는 위법성뿐 아니라 콘텐츠의 질이 담보되지 않는다(본편을 적절히 요약했는지도 의문이다)는 점에서도 문제가 된다. 물론 예술에서는 만든 이가 예상하지 않은 감상법도 허용된다. 프랑스의 비평가 롤랑 바르트 등이 제창한 '텍스트론', 즉 "문장은 만든 이의 의도에 지배당하지 않고 문장 그 자체로 읽어야 한다"라는 사상이 생각날지도 모른다. 일단 쓰인 문장은 만든 이로부터 떠나 자율적인 것(텍스트)이 되어 다양한 방식으로 읽힌다는 주장이다. 이를 영상 작품에 적용할 수도 있지 않을까?

하지만 적어도 이 책에 등장하는 빨리 감기 시청자가 그렇게 능동적인 태도로 빨리 감기를 선택했다고는 생각하기 어렵다(이후 제1장에서 제시한 조사 결과를 통해서도 알 수 있을 것이다). 그들의 동기는 대부분 '시간 단축', '효율화', '편리 추구' 등 지극히 실리적인 것이었다.

　여기까지는 필자가 2021년 3월, '현대 비즈니스'라는 사이트에 기고한 「'영화를 빨리 감기로 보는 사람들'의 출현이 시사하는 무서운 미래」라는 기사를 수정한 것인데 글을 다듬기는 했지만 핵심은 달라지지 않았다. 요컨대 빨리 감기 시청과 작품 감상 사이에서 느끼는 위화감을 표명하고자 했다. 이 기사는 커다란 반향을 일으켰다. 많은 공감도 받았지만 적지 않은 양의 불쾌한 의견도 뒤따랐다.

　"디테일한 부분이야 상관없어. 스토리만 알면 돼."

　"건너뛸 수 있는 작품을 만든 게 잘못이지"

　"어떤 식으로 보든 그건 내 마음이야."

　이들에게도 이렇게 말할 수밖에 없는 이유가 있을 테다. 그러니 우선은 그들의 이야기부터 들어보도록 하자.

VHS

제1장

영화를 빨리 감기로 보는 사람들

⇢ 감상에서 소비로

SLP▶
SOURCE

SLP▶
DEST

처음과 끝만 알면 된다?

이번 장에서는 영상을 볼 때 빨리 감기를 하는 남녀를 대상으로 그룹 인터뷰와 설문 조사를 실시하여 그들의 시청 스타일에 대해 알아보았다. 그들 대부분이 대학생(간토 지방에 소재하는 세 대학의 2~4학년생)이므로 앞에서 언급한 "20대 전체의 49.1퍼센트가 빨리 감기 경험이 있다"라는 사람들에 포함된다. 혹은 아오야마 가쿠인대학 2~4학년생의 '빨리 감기를 종종 한다', '가끔 한다'는 66.5퍼센트에 가깝다. 그들이 세상의 평균적인 젊은이들이라고 단언할 수는 없지만 빨리 감기를 습관적으로 하는 젊은이로서는 '평균적인 유형'이라고 할 수 있으리라. 참고로 학년과 나이는 설문 조사 당시(2021년 7월 ~12월) 기준이다.

유튜버 동영상과 연애 버라이어티 프로그램을 좋아한다는 A 씨(여성, 대학교 4학년)는 넷플릭스나 아마존 프라임 비디오로 영화를 자주 본다. 최근에 본 것은 히라노 쇼와 하시모토 칸나 주연의 《카구야 님은 고백받고 싶어》(2019)이다.

"처음부터 계속 빨리 감기로 보다가 뭔가 상황이 바뀔 것 같은 장면은 보통 속도로 봐요. 처음과 끝만 알면 되니까요. 결말이 해피엔딩이라 다행이라고 생각했죠."

영화를 충분히 즐겼냐고 묻자 그녀는 재미있었다고 답했

다. 그렇게 재미있었는데 빨리 감기로 본 것이 아깝지 않았느냐는 질문에는 곧바로 "전혀요"라는 대답이 나왔다.

"결론적으로 영화 한 편을 보는 데 1시간도 안 걸렸어요. 만약 2시간 가까이 걸렸으면 재미보다도 시간을 낭비했다는 후회가 더 컸을 것 같아요."

◀◀

시간을 아끼고 싶다면

▶▶

"시간을 아끼고 싶다면 아예 보지 않는 선택지는 없을까?"

"없어요. 살짝 시간 내서 봐두면 누군가가 이야기했을 때 나도 봤다고 말할 수 있잖아요."

A 씨는 유튜브도 '효율적'으로 본다. 댓글 창에 몇 분 몇 초 장면이 좋았다고 적혀 있으면 그전까지는 빨리 감기로 보다가 해당 장면만 보통 속도로 본다.

A 씨는 일본 아이돌 그룹 아라시의 멤버 마츠모토 준과 여배우 이시하라 사토미가 연기한 TV 드라마 《실연 쇼콜라티에》(2014)도 빨리 감기로 보았다.

"초콜릿을 만드는 장면은 중요하지 않으니까 그런 장면은 전부 건너뛰었어요."

잠시 설명하자면 해당 작품은 쇼콜라티에(초콜릿 장인)의 이야기로 초콜릿을 만드는 장면은 작품의 핵심 주제와 깊은 관련이 있다.

"이시하라 사토미가 예뻐서 본 것뿐이거든요."

이처럼 좋아하는 배우를 보고 싶다는 이유만으로 그(그녀)가 나오지 않는 장면은 건너뛴다는 사람이 적지 않다. 한 여대생은 "좋아하는 배우가 나오는 작품을 볼 때는 미리 리뷰를 읽고 평가가 좋은 장면이나 두근거리는 장면(이야기가 전개되는 장면, 러브신)만 보는 경우가 많아요"라고 했다.

또 다른 여대생은 "오로지 출연자를 보고 작품을 고르기 때문에 스토리상 재미나 감동은 별로 중시하지 않아요. 코로나를 계기로 넷플릭스와 아마존 프라임 비디오에 가입했는데 넷플릭스는 보통 속도로 본 적이 거의 없어요. 같은 작품을 볼 수 있다면 빨리 감기를 못하는 아마존 프라임보다 빠르게 건너뛸 수 있는 넷플릭스로 시청하죠"라고도 했다.

흥미롭게도 평소 그녀의 취미는 '연극 관람'이었다. 분명 다른 이들보다 연기 구성과 대사 타이밍에 민감할 텐데도 빨리 감기에 거부감이 없었다. "연기 구성이나 대사 타이밍은 무대를 보면서 즐기기 때문에 영상에서까지 그걸 추구하지는 않아요. 영상을 볼 땐 내 마음대로 커스터마이징할 수 있는 재미나 '편안함'을 추구해요."

액션물, 특히 총기를 사용한 작품을 즐기는 B 씨(남성, 대학교 2학년)가 최근 빨리 감기로 본 작품은 영화 《바람의 검심 최종장: 더 파이널》(2021)과 《바람의 검심 최종장: 더 비기닝》(2021) 2부작이었다. 주연 배우는 사토 다케루로 와이어를 사용한 검극 액션이 관객의 마음을 크게 사로잡은 작품이었다.

"과거 회상 장면은 빨리 감기로 봤어요. 너무 많이 나와서 지겨운 느낌이었거든요."

"얼마 전에 본 레이싱 영화에서도 인물 간에 감정이 오가는 장면은 빨리 감기로 봤어요."

B 씨는 보통 속도로 영상을 보다가 재미가 없다고 느끼면 이후로는 계속 1.5배속으로 본다. DVD 대여로 본 SF영화 《제9지구》(2009)도 그렇게 보았다.

한 작품 내에서 재생 속도를 빈번히 바꾸며 보는 사람도 많다. 대학생들도 많이 보는 애니메이션 《귀멸의 칼날》에 대해 "원작을 봐서 스토리는 전부 알고 있으니 원작에서 재미있었던 부분만 보통 속도로 보고 나머지는 빨리 감기로 보았다", "극장판을 중간까지 보았는데 별로 재미가 없어서 나머지는 끝까지 빨리 감기로 봤다"라는 의견도 있었다.

C 씨(남성, 대학교 3학년)는 작년에 《신세기 에반게리온》

(1995~1996년 TV 방영, 1997년에 극장판 2편 공개, 2007~2021년에 극장판 4편 공개)을 계기로 애니메이션에 눈을 떴다. 그 후 지금까지 신작 애니메이션 시리즈를 매일 챙겨보고 있다. 그중에서 빨리 감기로 보는 것은 '스토리를 중시하는 작품'이라고 한다.

스토리를 중시한다는 건 어떤 의미일까?

"감정 묘사 중심이 아닌 전개 자체가 재미있는 작품이요. 단순히 싸우기만 하는 작품은 행간을 읽지 않아도 이야기가 통하니까 1.25배나 1.5배속으로 보죠."

단, 적어도 1회만큼은 보통 속도로 본다.

"최대 3회까지 보면 대부분 재미있을지 아닐지 감이 오거든요. 빨리 감기로 봐도 되겠다 싶으면 이후로는 계속 그렇게 보죠. 볼 것도 없다는 생각이 들면 빨리 감기도 안 하고 그냥 안 봐요."

'하차'가 빨간불이라면 '빨리 감기'는 노란불인 셈이다.

"요즘은 시시한 작품이 너무 많아서 그렇게 선별하지 않으면 다 볼 수도 없어요."

그런가 하면 "영화나 드라마는 절대 빨리 감기로 보지 않는다"라고 호언한 대학생도 있었다. "애니메이션이나 유튜브처럼 스토리를 알고 싶은 콘텐츠만 빨리 감기로 본다"고 말했다. 그에게 애니메이션은 '단지 스토리가 어떻게 되는지 알고 싶은 콘텐츠'였다.

일상적인 대화는 재미가 없다

D 씨(남성, 대학교 3학년)는 영화나 드라마를 볼 때 빨리 감기를 자주 하지는 않으나 자신만의 원칙이 있단다.

"인간이 능동적으로 집중할 수 있는 시간은 90분이래요. 저는 그 설을 믿는 편입니다."

그 설에 따르면 평균 2시간 내외인 영화는 인간의 집중력을 뛰어넘는다.

"가끔 일상적인 일들을 담담하게 말하는 장면은 빨리 감기로 봐요. 별로 머릿속에 들어오지 않거든요."

앞에서 A 씨도 '일상 대화나 걷는 장면'은 건너뛴다고 했다. '일상 대화', 꽤나 중요한 단어이다.

긴 대화 장면을 빨리 감기로 보는 사람도 많다. E 씨(남성, 대학교 2학년)도 그중 하나다.

"대화 속 정보만 얻을 수 있으면 충분해요. 감정을 보여주는 게 아니라면 건너뛰어도 괜찮겠다 싶어요."

'감정을 이야기하는 장면'과 '그렇지 않은 장면'은 어떤 기준으로 구별하는 것일까? E 씨에게 "10초의 침묵에는 만든 이가 5초도, 15초도 아닌 10초로 정한 의도가 있지 않을까?" 하고 물어보니 쌀쌀맞은 대답이 돌아왔다.

"제가 길다고 느꼈다면 만든 사람의 의도가 제대로 전달되지도, 통하지도 않았다는 증거 아닌가요? 의도가 느껴지지 않으니 건너뛸 뿐이지요."

이런 의견은 드물지 않다. "침묵을 즐길 수 있을 만큼 표현에 공을 들인 작품이 없으니 건너뛰는 것도 잘못은 아니다", "등장인물의 말이 느리거나 관심 없는 인물이 나오면 건너뛴다"라는 의견은 너무 많아 셀 수가 없을 정도다.

자신이 좋아하는 작품조차 자주 건너뛰면서 본다는 한 대학생은 "그 콘텐츠에서 필요 없고 재미없다고 느껴지는 부분은 동영상 편집하듯이 자체적으로 컷하면서 본다"라고 설명했다.

◀◀

색다른 시청 방법이라는 생각은 안 해

▶▶

현대 비즈니스 기사에 대한 반향을 보고하는 〈아베마〉의 보도 버라이어티 프로그램 《아베마 프라임》ABEMA Prime은 2021년 5월 6일, '빨리 감기 & 건너뛰기 시청이 정답일까? 시간을 빼앗는 시대의 콘텐츠론 논의'라는 제목의 특집을 방송했다.

이때 빨리 감기 사용에 찬성하는 입장으로 출연한 사람이 앞에서 말한 유메메 씨다. 유메메 씨는 "1시간짜리 드라마를 5분 30초면 본다. 줄거리 소개 글을 읽고 그 내용이 나온

부분까지는 아예 건너뛰거나 10초씩 건너뛰면서 '줄거리에 나온 장면이 여기구나'를 확인한다"라고 했다.

29세의 다른 남성도 "TV 프로그램의 녹화는 1.3배속, 유튜브 영상은 2배속, 애니메이션(앱으로 시청) 영상은 2배속"으로 본다고 말했다. 보고 싶은 작품이 많아서 보통 속도로 보면 시간이 부족하다는 이유였다.

스튜디오에서는 찬반 의견이 완전히 반으로 나뉘었다. 참고로 아래에 출연자들의 방송 당시 연령을 기재하였다. 사회자인 가네치카 다이키(만 30세), 린타로(만 35세). 기업가이자 프로듀서인 와카신 유준(연령 미공개)은 대체로 빨리 감기에 부정적인 쪽이었다. 캐스터인 시바타 아야(만 28세)와 아사히 TV 아나운서 히라이시 나오유키(만 46세)는 긍정적인 쪽이었다. 기업가인 하야카와 고미(만 25세)는 "경우에 따라 다르다"라는 입장이었다.

시바타는 이렇게 말했다.

"한국 드라마나 애니메이션은 1, 2회를 잘 넘기느냐 마느냐가 중요하잖아요. 근데 이 1, 2회를 넘기기가 힘들어요. 그래서 빨리 감기로 보다가 흥미가 느껴진다 싶으면 보통 속도로 봐요."

하야카와 고미도 "7회부터 본격적으로 재미있어진다는 말을 들으면 그때까지는 참고 봐야 하니까 빨리 감기를 하게 된다"라는 취지의 발언을 했다.

각자의 의견으로 분위기가 고조되었다. 나중에 유메메 씨는 방송을 돌이키며 이렇게 말했다.

"주변 사람도 모두 빨리 감기를 하니까 특별히 제가 색다른 방식으로 본다고 생각하지는 않았어요." 프로그램에서 유메메 씨는 이렇게 말했다. "시간이 너무 부족하거든요."

◀◀

콘텐츠 감상에도 예습이 필요하다

▶▶

방송 후 유메메 씨에게 연락을 취해 더 깊은 이야기를 들어보았다. 그녀가 최근에 빨리 감기로 본 작품은 《도쿄 리벤저스》라는 애니메이션 시리즈였다. 『주간소년매거진』에서 연재된 동명의 만화를 원작으로 하는 이 작품은 2021년 4월부터 방영되었다. 지상파 외 각종 OTT에서 시청할 수 있으며 유메메 씨는 넷플릭스에서 이 작품을 1.5배속으로 보았다.

"애니메이션을 실사화한 영화 《도쿄 리벤저스》(2021)가 화제길래 영화관에 가기 전에 애니메이션을 먼저 보려고 했죠. 그런데 그때 이미 십몇 회까지 방송이 되어서 빨리 감기로 볼 수밖에 없었어요."

《테니스의 왕자》 애니메이션 시리즈를 빨리 감기로 본 이유도 이와 비슷했다. 친구와 《테니스의 왕자》 뮤지컬을 보러 가기로 해서 빠른 예습을 위해 빨리 감기와 건너뛰기를 활용했다고 한다.

"등장인물들 사이의 관계를 알기 위한 것이라면 그걸로 충분하다 싶었어요."

유메메 씨가 영상을 빨리 감기로 보는 경우는 주로 두 가지였다. 첫째는 《도쿄 리벤저스》나 《테니스의 왕자》처럼 '본방'을 사수하기 위해 미리 '예습'하는 경우, 또 하나는 주위에서 "이거 요즘 난리래"라며 추천받은 경우다.

그녀는 10초 건너뛰기도 애용한다.

"예를 들어 《도쿄 리벤저스》에서 주인공 집에 남자아이들이 모여 왁자지껄하게 떠드는 일상적인 장면은 건너뛰죠. 하지만 싸움 장면은 건너뛰지 않습니다."

일상적인 장면에 중요한 정보가 있을 가능성은 없을까?

"음, 그 장면을 제대로 본다고 해도 기억에 남는 건 아마도 싸움 장면뿐일 거예요. 어차피 나중에는 기억도 안 날 텐데 굳이 제대로 볼 필요가 있나요? 그래서 저는 어떤 작품이든 평범한 장면은 대부분 건너뛰어요."

참고로 그녀는 《도쿄 리벤저스》를 보다가 14회에서 하차했고, 영화는 결국 보지 않았다.

F 씨(여성, 대학교 2학년)도 10초 건너뛰기를 이용한다.

"추리 드라마에서 범인이 분명해지면 이후 과정은 건너뛰어요. 어떤 드라마에서는 제일 먼저 나온 여배우가 너무 호화 캐스팅이라 아무리 생각해도 이 사람이 범인이겠다 싶어서 후반까지는 그냥 건너뛰었죠."

◀◀

드라마 '한 회 통째로' 건너뛰기

▶▶

시리즈물은 길고 회차가 많은 탓에 빨리 감기로 보는 경우가 많다. "주위에서 인기 있는 애니메이션 시리즈를 보려고 했는데 십몇 회까지 있어서 처음부터 2배속으로 봤어요. 10초 건너뛰기도 하면서요"라고도 하고, 급기야는 '한 회를 통째로' 건너뛰기도 한다.

G 씨(여성, 대학교 2학년)는 넷플릭스로 한국 드라마를 자주 본다. 2020년에 화제가 된 《사랑의 불시착》(총 16회)은 처음부터 한 회를 통째로 건너뛰면서 보았다.

"중간까지 보통 속도로 보다가 빨리 결말을 알고 싶어서 중간에 몇 회 정도는 건너뛰고 바로 마지막 회를 봤어요."

아무렇지 않게 말하는 그녀에게 놀랐는데 알고 보니 그녀에게는 '다시 보기'가 있었다.

"해피엔딩인 걸 확인하고 두 번째 볼 때는 건너뛰지 않고 제대로 보면서 조연 캐릭터가 주는 재미도 느꼈습니다."

G 씨는 책도 그렇게 읽는다고 했다.

"『밤의 팽창』(레드박스, 2015)이라는 연애 소설은 중간까지 읽다가 결말이 궁금해져서 건너뛰고 마지막 부분만 읽었어요. 두 번째는 처음부터 차례대로 읽었고요.”

드라마든 소설이든 건너뛴 부분에 새로운 등장인물이나 중요한 복선이 있을지도 모른다. 아니, 당연히 그럴 것이다. 그런 점은 신경 쓰이지 않는 것일까?

“갑자기 등장한 얘는 누구지 싶을 때가 자주 있긴 하죠 (웃음). 어차피 또 볼 거니까 그런 부분은 별로 신경 안 써요.”

A 씨도 이와 비슷하다. 형사 드라마 같은 수사물에서 첫 부분에 누군가가 살해당하면 진범이 밝혀지는 마지막 부분까지 건너뛴다. 그렇게 봐도 ‘재미가 줄어드는’ 느낌은 없다고 한다. 그보다는 결말을 빨리 알 수 있다는 쾌감이 더 크단다.

대학생을 대상으로 한 설문 조사에서 몇몇 사람에게 같은 말을 들을 수 있었다.

“제가 성격이 급해요.”

캐스터인 시바타 씨도 그렇게 말했다. “성격이 급해서 빨리 결말을 알고 싶다”, “성격이 급해서 바로 결론을 원한다, 그래서 빨리 감기를 한다, 10초 건너뛴다, 중간을 건너뛰고 바로 마지막 회로 날아간다.”

2021년 9월에 세계적으로 대히트를 기록한 《오징어 게임》(총 9회)은 일본에서도 큰 인기를 끌었다. 다음은 이 작품을 3회까지 보다가 곧장 마지막 회로 건너뛴 여대생의 이야기다. “1회부터 보기 시작했는데 데스 게임치고는 흔한 내용이라 흐름이 빤히 보여서 3회까지만 보고 다음은 건너뛰었어요. 그리고 바로 마지막 회(9회)를 봤죠."

그녀뿐만 아니라 "일단 보기 시작했지만 생각보다 지루했다. 그래도 결말은 궁금하니 마지막 회만 봤다"는 사람이 꽤 많았다.

◀◀

'스포'당하고 싶어

▶▶

'결말을 빨리 알고 싶은 욕구'를 가장 효율적으로 해소하려면 결말까지 적힌 스포일러 사이트나 리뷰 사이트를 읽으면 된다. 보통은 애니메이션이나 드라마를 중간까지 보다가 질리면 이런 사이트를 찾는다. 줄거리만 알면 되니 나머지는 빨리 감기로 보든, 건너뛰든, 한 회를 통째로 건너뛰든 신경 쓰지 않는다. 중간을 전부 건너뛰고 마지막 회만 봐도 작품을 다 본 것 같은 느낌이 든다. 인기 있는 작품이라면 아는 체도 할 수 있고 말이다.

유메메 씨는 드라마 《당신 차례입니다》(2019)도 그렇게 보았다. 공식 사이트에 올라온 각 에피소드의 줄거리가 스포일러라고 할 만한 내용까지 담고 있어서 그것을 읽고 결말까지 안 채로 드라마를 보기 시작했다.

또 그녀는 만화가 원작인 드라마의 1회를 본 후, 뒷이야기는 만화로 읽기도 한다. 사실 드라마와 원작 만화는 엄연히 다른 작품이다. 드라마는 각색한 부분이 많고, 구성 자체가 달라지기도 한다. 때로는 원작 에피소드를 그대로 가져오기도 하지만 어찌 됐든 크게 신경 쓰지 않는다. 드라마를 보다가 원작으로 돌아선 후 아예 드라마를 안 볼 때도 있다.

"1회를 보고 재미있어서 알아 보니 원작 만화가 완결되었더라고요. 그래서 만화 스포일러 사이트에서 단번에 다 읽어 버렸어요."

드라마의 뒤편은 원작으로도 읽지 않고, 줄거리를 해설해주는 사이트만 본 것이다. 유메메 씨만큼 극단적이지는 않더라도 영화나 드라마를 보기 전에 스포일러 사이트나 리뷰 사이트를 먼저 읽어보는 사람이 적지 않다.

"범인을 안 상태로 보면 처음 보면서도 '범인이 이런 짓까지 하네!' 하고 생각할 수 있어요."

G 씨는 스다 마사키와 아리무라 카스미 주연의 영화《꽃다발 같은 사랑을 했다》(2021)를 예로 들었다. 각본은《도쿄 러브스토리》,《최고의 이혼》등으로 유명한 사카모토 류지가 맡았으며 일본 내 영화 순위에서 6주 연속 1위를 차지한 인기 작품이다.

"먼저 보고 온 친구가 마지막에 둘이 어떻게 되는지 상세한 부분까지 알려줬고, 그 후에 영화를 보았어요. 그래서 '스다 군이 여기서 이런 이야기를 하겠군'이라는 식으로 예측하면서 봤기 때문에 두 배로 재미있었던 것 같아요."

▶ ▶▶ ▶|

G 씨의 입장은 이러하다. 예비 지식 없이 봤다가 이야기의 세세한 부분을 이해하지 못하거나, 디테일한 연출을 놓치는 경우 괜스레 애매한 느낌이 남는단다. 그럴 바에야 오히려 처음부터 알고 보는 편이 낫다고 한다.

그렇다고는 해도 결말까지 먼저 알 필요가 있을까? G 씨는 단호하게 말했다.

"예고편을 보면 두 사람이 헤어진다는 것쯤은 알 수 있잖아요. 결말은 아무래도 상관없어요. 연애 영화는 과정이 중요하니까요."

◀◀

패스트무비가 유행하는 이유

▶▶

'작품 전체 내용을 빠르게 파악할 수 있다'는 측면에서 '패스트무비'를 이길 것은 없다. 어째서 그렇게 하면서까지 내용을 빠르게 알고 싶은 걸까? 그야 친구들과의 대화에 낄 수 있고, 결말까지 알았다는 만족감도 맛볼 수 있기 때문이다. 게다가 무료로 말이다.

그런 이유로 패스트무비에는 일정한 수요가 있었다.

"2019년 여름 무렵부터 조금씩 보이다가 어느 순간 유튜브 알고리즘으로 접했어요."(F 씨)

H 씨(남성, 대학교 2학년)의 경우 자신은 본 적 없지만 친

구들이 보았다고 한다.

"코로나 이전이니 2019년이네요. DVD방에서 친구들과 어떤 영화를 봤어요. 대여한 DVD를 재생한 뒤 10분 정도 지났을 무렵, 그 친구가 '앗, 유튜브에서 본 적이 있어'라고 하더라고요. 그래서 처음으로 '패스트무비'의 존재를 알게 되었어요. 친구는 이야기의 결말까지 전부 알고 있었죠(웃음)."

E 씨는 '패스트무비'를 즐겨 본다. 그도 유튜브 영상을 계기로 시청하게 되었다고 했다.

설문 조사에 응한 한 20대 여성은 패스트무비를 매우 좋아한다고 했다. 그녀는 대형 광고대행사에서 일하고 있었다. 직무상 인기 있는 작품들을 알아두려고 보는 줄 알았는데 실상은 달랐다.

"영화관에서는 무서워서 못 보는 호러 영화를 '몰아보기'로 봐요. 무서운 걸 잘 못 보지만 보고 싶은 마음은 있는데 요약본으로 보면 무섭지 않거든요."

무서우면 안 보는 선택지는 없는지 묻자 '호기심이 생긴다'라는 답변이 돌아왔다.

"《무카데 인간》(2010)이라는 아주 그로테스크한 영화가 있는데 요약본으로 알기 전까지는 영화에 그런 장르가 있다는 사실조차 몰랐어요."

한 여성은 중학생인 아들이 '몰아보기' 영상만 본다며 탄식했다. 아들은 패스트무비 사이트에서 작품을 찾고 거기서 알게 된 작품을 정규 배급 서비스로 몇 번이고 반복적으로 본다. 그에게 '패스트무비'란 마트의 시식 코너 같은 존재였다. 무료로 몇 가지 음식을 맛보고 그중에서 마음에 드는 것만 계산대로 가져가듯이 말이다.

대학생 상당수가 이런 영상이 불법이라는 사실을 모른 채 그 영상들을 어떻게 보게 되었는지 천진하게 설명해주었다. 한 남학생은 "제가 작가라면 (빨리 감기를 하지 않고) 작품을 온전한 형태로 즐겨주길 바랄 것이다"라고 말하면서도 '몰아보기' 영상을 챙겨보고 있었다. 그들은 "본편이 길어서, 전체를 보기 귀찮아서가 아니라 이 또한 하나의 장르로 즐긴다"라고 했다.

빨리 감기, 건너뛰기, 요약본. 이런 시청 습관에 익숙하지 않은 사람에게는 이상하게 들리겠지만 많은 사람이 이런 감상법을 즐기고 있었다. 유메메 씨의 말을 빌리자면 특별히 색다른 방식이라고 생각하지도 않았다.

◀◀

바쁘다 바빠 현대 사회

▶▶

이들은 자기 뜻에 맞지 않는 장면은 건너뛰면서 보지만 마음에 드는 장면은 몇 번이고 반복해서 본다. 빨리 감기와 건너뛰기를 애용하는 G 씨도 마음에 드는 작품은 여러 번 시청한다. 《사랑의 불시착》은 16부작인데도 벌써 두 번을 돌려보았고, 아오이 유우 주연의 《백만 엔걸 스즈코》(2008)도 몇 번이나 보았다고 했다.

이시하라 사토미의 팬인 A 씨는 그녀가 주연으로 출연한 드라마 《교열걸》(2016)이나 《5시부터 9시까지 나를 사랑한 스님》(2015)을 반복해서 본다. 하마베 미나미의 영화 《카케구루이》(2019)나 가와구치 하루나, 하야시 겐토 주연 영화 《쌉쌀하고 달콤한》(2016)도 계속 보는 작품이다. 그녀가 말했다.

"《쌉쌀하고 달콤한》은 별 재미는 없지만 그냥 주인공 둘이 귀여워서 봐요. 분위기가 힐링 되기도 하고."

"《교열걸》은 본다기보다는 작업할 때 그냥 옆에다가 틀어두는 거죠. 이시하라 사토미가 빠르게 말하는 게 듣기 좋아요. 《카케구루이》는 클라이맥스만 몇 번씩 봐요. 적적하거나 일할 때 잠깐씩 보면 기분이 좋아져서요."(A 씨)

"혼자 살다 보니 요리나 청소를 할 때 늘 스마트폰 영상을 틀어봐요."(F 씨)

'좋아하는 작품을 반복해서 보는 것'은 세대를 불문하고 매우 자연스러운 행위다. 다만 A 씨나 F 씨처럼 공부 등 무언가를 할 때 영상을 틀어두는 것은 비교적 젊은 층에서 두드러지는 습관이다. 말하자면 영상을 라디오처럼 사용하는데 실제 설문 조사에 응한 대학생 중에는 "radiko(실시간 라디오 서비스를 제공하는 앱)처럼 사용하며 영상을 틀어놓는다"라는 사람도 여럿 있었다. 그런데 여기서 한 가지 궁금증이 생긴다. "이슈를 따라가기 위해 새로운 작품을 하나라도 더 본다"라는 취지로 빨리 감기, 건너뛰기를 애용하는 것과 같은 작품을 반복 시청하는 행위는 모순되지 않는가?

결론부터 말하자면 모순되지 않는다.

"새로운 걸 보는 데는 체력이 필요해요. 처음 접한 작품을 빨리 감기로 본 탓에 남들이 하는 이야기를 따라가지 못해서 자꾸 생각하게 되는 게 귀찮고 피곤해요. 그럴 바에야 잘 알고 있는 걸 반복해서 보는 편이 더 기분 좋죠."(A 씨)

그럼 처음부터 보통 속도로 집중해서 보면 되지 않느냐는 말이 목구멍까지 올라왔지만 이 역시 "시간 가성비가 좋고 빨리 결말을 알고 싶어서"라는 대답으로 수렴되리라.

◀◀

브라우저 탭을 10개나 열어두는 이유

▶▶

D 씨는 컴퓨터로 영상을 볼 때 또 다른 방법을 사용한다.

"다양한 리뷰를 보고 싶어서 관련 사이트를 10개 정도 열어둬요. 그러다가 이 대사, 이 장면은 어떤 의미일까 의문이 들면 보던 영화를 잠시 멈추고 인터넷에 검색해서 해설을 먼저 읽어보죠."

작품을 깊이 알고 싶은 의욕은 이해한다. 다만 몇 초분의

1 단위로 컷 분할이나 '침묵'을 계산한 작가로서는 빈번하게 일시정지를 하며, 탭을 왔다 갔다 하는 감상법을 어떻게 생각할까?

놀랍게도 작가 지망생조차 건너뛰기 기능을 자주 사용한다고 말했다.

"저 역시 10초 건너뛰기를 자주 써요. 대사가 없거나 정적만 흐르는 장면은 못 참고 넘기게 돼요. (중략) 물론 《귀멸의 칼날》처럼 대사가 산처럼 많은 영상은 작가 지망생으로서 도저히 용납이 안 되죠."

이 발언의 주인공은 니혼대학 예술학부 영화학과에서 시나리오를 전공하는 4학년생이다.

또한 빨리 감기는 일본인만의 습관이 아니다. 대만에서 아오야마 가쿠인대학 대학원에 유학 중인 진질문 씨(24세)에 따르면 "비슷한 또래의 대만 친구들이나 일본에서 알게 된 중국인 친구들도 빨리 감기로 영상을 본다"라고 한다. 이에 거부감이 있는 진 씨는 영상 작품을 빨리 감기로 보는 행위를 '요리를 믹서에 가는 것'에 비유하며 이렇게 설명했다.

"요리를 믹서에 갈아 주스로 만들어 마시는 거죠. 물론 그대로 먹는 것과 같은 영양소를 섭취할 수 있어요. 하지만 그걸 음식이라고 할 수 있을까요?"

건너뛰기 버튼에 늘 손을 갖다놓고, 조금이라도 늘어진다 싶은 장면은 바로 건너뛰면서 한 드라마 시리즈를 단숨에 봤다고 말하는 30대도 있었다.

그런 경향에 대해 20대인 C 씨는 이렇게 말한다.

"우리더러 빨리 감기를 많이 쓴다고들 하지만 오히려 30~40대들이 시간 가성비를 더 따지지 않나요?"

일리가 있다. 앞에서 언급한 '어느 경영 관련 인플루언서'도 발언 당시에는 30대였다. 효율성과 합리성을 중시하는 자기계발 모임에 참여하는 이들 중에도 30~40대가 많다.

◀◀

'감상 모드'와 '정보 수집 모드'

▶▶

앞 장에서 '작품과 콘텐츠', '감상과 소비'의 차이에 대해 말했는데, 유메메 씨에게도 '감상'과 '소비' 사이에 명확한 선이 있었다.

"무턱대고 빨리 감기를 하는 건 아니에요. 작품을 접하자마자 바로 선별하는 거죠. 천천히 소화하면서 흘러가는 대로 보고 싶은지, 결말을 조금 더 빠르게 보고 싶은지요.

아카데미상을 수상한 《기생충》(2019) 같은 작품은 온전히 감상해야겠다는 생각이 들죠. 하지만 이슈가 된 작품을 따라 만든 것 같은 영상은 정보 수집 모드로 봅니다. '왜 유행이지?' 하면서요. 작품으로 보기보다는 '여기서 어떤 정보를 얻을 수 있을까?' 하고 접근한다는 편이 더 가깝겠네요."

대학생 중에도 유메메 씨처럼 '감상'할 작품과 '정보를 수집할' 작품을 구분하는 사람이 몇몇 있었다. 리뷰 사이트나 스포일러 사이트를 먼저 읽고 범인이 누구인지 안 후에 본편을 보기 시작하는 행동도 그 연장선상에 있는 셈이다.

　　그런 가운데 빨리 감기에 대해 "만든 이의 의도를 무시하는 행위가 아닌가?"라고 물어보면 일정 수가 다음과 같은 반응을 보인다.

　　"그건 예술로 봤을 때 이야기죠. 오락은 어떻게 보든 보는 사람 마음입니다."

　　영화는 예술일까, 아닐까? 적어도 20세기 초반에는 영화를 대중오락으로 바라보는 시선이 많았다. 하지만 1911년, 이탈리아의 리치오토 카누도가 「제7의 예술 선언」라는 글에서 영화를 시간 예술(음악, 시, 무용)과 공간 예술(건축, 조각, 그림)을 종합한 것(=제7의 예술)으로 정의한 이후, 예술성이 점점 강조되었다. 오늘날 영화라는 문화 장르는 분명 '예술'이라고 불릴 만한 면을 지니고 있다.

　　사전적인 정의가 어떠하든 "그건 예술 이야기죠"라고 말한 이는 '예술'과 '오락'을 반대말처럼 사용하고 있다. 말하자면 이렇다.

　　　　예술 - 감상 - 감상 모드
　　　　오락 - 소비 - 정보 수집 모드

'정보 수집 모드'는 서점에 서서 책을 스르륵 넘겨보는 행위에 가깝다. 서점에서 눈에 띄는 책의 목차만 읽고 본문은 대충 넘겨보며 수십 권을 심사한 후 꼭 읽고 싶은 책만 산다. 그렇게 구입한 책은 건너뛰지 않고 천천히 읽은 뒤 책꽂이에 잘 정리해두고 때때로 다시 읽어본다. 이들은 '보고 싶어' 하지 않는다. '알고 싶어' 한다. 각본 공부 중이라는 한 30대 남성은 이것을 '위키피디아의 상위 호환'이라고 형용했다.

◀◀

'보고 싶다'가 아닌 '알고 싶다'

▶▶

영화나 드라마를 빨리 감기로 보는 데는 거부감을 느끼면서 뉴스나 정보 프로그램은 빨리 감기로 보는 사람도 많다. 전자를 '예술 감상', 후자를 '정보 수집'이라고 구분 지어 생각하기 때문이다. 만약 영화나 드라마도 정보 수집 대상이라고 여기면 빨리 감기를 하는 데 아무도 이의를 제기하지 않는다.

'알기' 위해 영화를 본다는 말에서 2020년 10월에 개봉하여 403억 엔(일본 역대 흥행 1위)의 수입을 올린 《극장판 귀멸의 칼날: 무한열차편》이 떠올랐다. 이 작품이 큰 화제를 불러일으키면서 분석 기사가 넘쳐났다. 당시 애니메이션에는 전혀 흥미를 보이지 않던 중장년이 대거 영화관으로 발을 옮겼다. 그들은 원작을 읽은 적도 없거니와 TV 시리즈도 보지 않았다(극장판은 TV 시리즈의 속편이다). 그들의 속마음은 '이게 뭐길래 이렇게까지 유행일까?'였다. 그러니 감상보다는 정보를 수집하러 왔다는 설명이 더 맞겠다.

유학생인 진 씨는 애니메이션《주술회전》을 넷플릭스에서 빨리 감기로 본 친구에게 이런 말을 들었다고 했다.

"이런 말도 안 되는 내용이 어떻게 유행하는 거지?"

그 친구는《주술회전》이 유행하는 이유를 '알기' 위해 총 24회나 되는 시리즈 전체를 빨리 감기로 보았다. 그렇게 하면서까지 '알아야 할' 필요가 있는 걸까? 진 씨는 이렇게 말한다.

"소위 정보통, 정보 강자로서의 우월감을 느끼려는 게 아닐까요? 내용을 제대로 이해하지 못하더라도 봤다는 사실만으로 비판할 자격이 생기니까."

빨리 감기를 하는 사람들이 '정보' 측면에서 우위를 차지하려 한다면 '알고 있는' 것만으로 충분하니 내용의 세세한 부분까지 신경 쓰며 작품을 음미하는 과정은 필요로 하지 않을 것이다.

앞서 등장한 각본을 공부 중인 남성은 이렇게 생각한다고 했다.

"막 사회에 나갔을 때, 영화를 빨리 감기로 보던 친구가 '학창 시절에 영화를 거의 보지 않아서 이제라도 보려고 했더니 잘되지 않는다'라고 하더라고요. 추측해보건대 주위에서 '이건 꼭 봐야지', '이것도 안 봤어?'라는 말을 듣고 압박을 받았거나 의무감을 느낀 나머지 '정보'라는 형태로라도 영화를 볼 필요성이 있었던 게 아닌가 싶어요."

'영화를 볼 필요성'이라, 나도 모르게 입에 담게 될 법한 말이다.

◀◀

작품의 가치가 점점 떨어진다

▶▶

2021년 6~7월에 실시된 '2021년 OTT 사용자 실태조사'에서는 과거 여섯 번의 조사 중 처음으로 OTT(넷플릭스, 아마존 프라임 비디오 등)의 이용률(28.9퍼센트)이 패키지 미디어(DVD, 블루레이 판매 및 대여) 이용률(24.5퍼센트)을 웃돌았다.

과거에는 집에서 영화를 본다고 하면 DVD나 비디오를 빌려 보는 걸 의미했다. 그런데 이제는 'OTT를 통해 보는 양상'으로 바뀌고 있다. 조사 대상자는 13~69세 남녀로 폭이 넓어서 만약 젊은 층만 떼어내고 본다면 'OTT로의 이행률'은 더 높았을 것이다.

OTT에서는 대부분 월정액 요금으로 모든 영상을 마음껏 볼 수 있다. 이 때문에 '구독 서비스'라고도 불린다. 넷플릭스의 경우 베이식 멤버십이 990엔, 스탠더드 멤버십은 1490엔, 프리미엄 멤버십은 1980엔이다. 멤버십별로 각각 동시에 시청할 수 있는 디바이스 수나 영상 품질에 차이가 있다. 아마존 프라임 비디오는 연간 4900엔(월당 약 408엔) 혹은 월정액 500엔을 지불하면 된다. 학생의 경우 연간 2450엔, 월 250엔의 가격에 볼 수 있다.

월정액으로 영상을 감상하는 서비스는 어떤 변화를 가져왔을까? 단적으로 말하면 작품 하나하나의 가치가 줄었다. 빨리 감기로 영화를 보는 습관이 있는 청년들에게 그렇게 시간이 아까우면 영화관에서 영화를 볼 때도 빨리 감기를 하고 싶지 않으냐고 물으니 그렇지 않다는 말과 함께 이런 이야기가 나왔다.

"영화관은 작품을 볼 때마다 돈을 지불하니까 빨리 감기를 하면 아까워요. 하지만 넷플릭스에서는 월정액 요금을 내니까 크게 상관없죠."

사람들은 돈을 지불하는 동시에 상품을 받으면서, 대가를 치르고 무언가 얻은 기분을 실감한다. 그만큼 상품을 가치 있게 여기고 낭비하지 않으려 애쓴다. 하지만 월정액 자동이체로 한 달 이용권을 구입할 때는 돈을 지불한다는 감각이 옅어진다. 그러니 영상을 아무렇게나 대해도 큰 거부감이 들지 않는다. 이렇게 되면 빨리 감든 건너뛰든 상관이 없어진다. 다른 일을 하면서 보거나 그냥 흘러가듯 봐도 죄책감을 느끼지 않는다.

DVD를 대여할 때는 눈앞에 CD라는 물체가 보이므로 '대여 기한 내에 보지 못하면 돈이 아까운' 마음이 든다. 하지

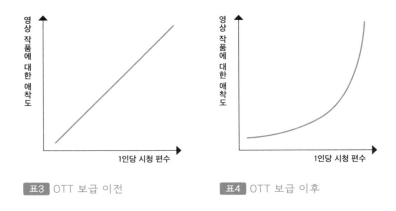

표3 OTT 보급 이전   **표4** OTT 보급 이후

만 무형의 콘텐츠에 그런 느낌을 갖기는 어렵다. 게다가 저렴한 요금도 한몫한다. 넷플릭스 스탠더드 멤버십의 경우, 한 달에 10편을 보면 한 편당 148엔. DVD를 대여하던 시절에 비하면 꽤나 저렴하다. 월정액 250엔이라는 아마존 프라임 비디오 학생 회원가를 생각해보자. 한 달에 10편을 보면 편당 금액은 25엔꼴이다. 매달 몇천 엔의 스마트폰 요금을 지불하는 대학생 입장에서 보면 소비세액보다 적은 금액이다.

    히라이시 나오유키 아나운서는 이렇게 말한다. "콘텐츠가 많은 데다 거의 공짜에 가깝고 구독을 하면 아무리 봐도 내는 돈은 같으니까. (옛날에는) DVD를 사면 아껴서 보거나 소중히 여겼지만 지금은 달라요."

    OTT가 등장하기 전, 집에서 영상을 시청하려면 많은 비용을 지불해야 했다. 케이블 방송만 해도 월정액으로 일정 금액을 지불해야 했고, 비디오나 DVD 대여의 경우 편당 수백

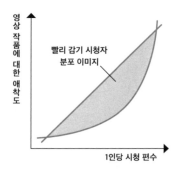

표5 빨리 감기 시청자 분포 이미지

엔의 대여료를 내야 했다. 대여와 반납을 위해 직접 오가는 수고도 있었다. 그 정도 비용과 수고를 들이지 않으면 영상 작품을 볼 수 없었다. 그러니 영상 작품을 많이 보는 이들은 그만큼 금전적, 시간적 비용을 지불할 각오가 있는, 즉 영상 작품에 그만한 애정을 가진 사람들이었다. 그 상황은 정비례 직선 그래프로 나타난다(표3).

하지만 큰 비용 없이 대량의 작품을 볼 수 있는 환경이 정비되자 무슨 일이 일어났을까? 영상 작품에 그리 애정이 없는 사람도 수많은 영상을 볼 수 있게 되었다. 이는 완만한 곡선 그래프로 나타난다(표4).

그리고 두 표를 겹쳤을 때의 차이, 색칠한 부분이 '빨리 감기로 영상을 볼 가능성이 있는 집단'의 직감적인 분포 이미지다(표5).

십수 년 전, 필자가 대선배였던 편집자로부터 들은 말이 떠오른다.

"정말로 사람들이 읽었으면 하는 원고는 무료 잡지에 실으면 안 돼. 저렴한 가격이라도 제대로 값을 치르도록 해야지. 사람은 공짜로 손에 넣은 건 소중히 여기지 않으니까."

◀◀

"한 번 더 보면 되잖아"

▶▶

영화관에서 영화를 감상할 때는 한 번에 승부를 본다. 중요한 대사나 장면을 놓쳐도 되돌려볼 수 없기 때문이다. 대여한 DVD도 반납한 후에는 다시 볼 수 없다. 하지만 온라인 동영상 서비스에서는 라인업에서 내려가지 않는 한 언제든 다시 돌려 볼 수 있다. 시청할 때마다 추가 요금이 발생하지도 않는다. 그런데 언제든 볼 수 있다고 생각할수록 시청할 때 집중도는 낮아진다.

유메메 씨는 건너뛴 10초에 중요한 묘사나 대사가 포함되어 있어도 괜찮다고 단언한다.

"정말로 재미있는 작품이라면 한 번 더 보면 돼요. 보험을 들어놓은 느낌이라고 할까요."

G 씨의 '한 회 통째로' 건너뛰기 역시 OTT 특유의 전편 일괄 업로드 덕분에 가능한 시청 스타일이다. 매주 한 편씩 방영되는 지상파 드라마나 애니메이션과 달리 오리지널 시리즈나 해외 드라마는 전편이 일괄적으로 업로드되는 경우가 많다. 이를테면 《사랑의 불시착》은 2020년 2월 23일에 전편 16부작이, 《이태원 클라쓰》는 2020년 3월 28일에 전편 16부작이, 《오징어 게임》은 2021년 9월 17일에 전편 9부작이 한 번에 공개되었다. 일본 작품 중에서도 《최후의 나라의 앨리

스》가 2020년 12월 10일에 전편 8부작,《살색의 감독 무라니시》도 시즌 1이 2019년 8월 8일, 시즌 2가 2021년 6월 24일에 각각 전편 8부작이 일괄적으로 업로드되었다. 즉, 배급된 순간부터 마지막 회를 볼 수 있다. 성격이 급한 사람, 빨리 결말을 알고 싶은 사람이 중간을 건너뛰고 마지막 회를 보고 싶은 유혹에 빠지는 것도 이해가 된다.

정액제 동영상 서비스는 한 명이라도 더 많은 사용자가, 1엔이라도 싸게, 한 편이라도 많은 작품을 집에서 즐길 수 있도록 만들어졌다. 얼마 전까지만 해도 그야말로 꿈이라 여겨지던 서비스다. 하지만 이런 꿈의 서비스가 작품을 '감상'할 기회를 늘리기보다는 콘텐츠를 '소비'시키는 습관을 심어주는 데 훨씬 큰 영향력을 발휘했는지도 모르겠다.

◄◄

2시간짜리 영화를 만든 제작자의 의도

▶▶

"안타깝다고 할까, 뭔가 진 것 같은 기분입니다."

1979년생으로 취재 시점에 만 42세였던 각본가 고바야시 유지 씨는 "만약 본인의 작품을 관객이 빨리 감기로 본다면 어떨 것 같으냐?"라는 질문에 이렇게 대답했다. 그는《스타 트윙클 프리큐어》,《이상한 과자가게 전천당》등 어린이용 애니메이션,《울트라맨》시리즈를 비롯한 작품 외에도 실사

▶ ▶▶ ▶|

TV 드라마 분야에서 폭넓게 활동하는 각본가다.

고바야시 씨는 니혼대학 예술학부 영화학과에서 시나리오를 전공하고, 2010년부터는 이 학과에서 '영상 표현 및 시나리오 이론'을 가르치면서, 각본가 지망생들과 일상적으로 교류하고 있다. 학교와는 별개로 젊은 각본가와 각본가 지망생을 대상으로 한 온라인 커뮤니티도 주최하고 있다. 앞서 "저 역시 10초 건너뛰기를 자주 사용한다"라던 시나리오 전공생도 그의 제자 중 한 명이다.

"영화는 만들어진 대로 받아들이며 감상하기 때문에 수동적이고, 소설이나 만화는 자신만의 페이스로 페이지를 넘기기 때문에 능동적이라고들 하죠. 빨리 감기나 건너뛰기를 하면서 영상을 보는 건 영상을 소설이나 만화처럼 능동적 혹은 주체적으로 감상하려는 의사 표현인지도 몰라요."

그렇게 말하면서도 불편한 표정으로 말을 이었다.

"하지만 본래 2시간짜리 영화는 2시간을 들여서 볼 거라는 생각으로 시나리오를 쓰죠……."

◀◀

보조 줄거리는 없어도 된다?

▶▶

드라마나 애니메이션에서는 주인공을 중심으로 한 핵심 줄거리뿐 아니라 몇몇 부수적인 이야기가 동시에 그려진다. 이를테면 주인공이 등장하지 않는 장소에서 전개되는 조연들의 활약이나 새로운 에피소드, 과거를 회상하는 장면 등이다. 장기 시리즈인 해외 드라마의 경우 한 회 전체가 조연 중심으로 돌아가기도 한다.

보조 줄거리에서는 당연히 조연과 주변 인물들의 내면도 깊이 있게 그려진다. 하지만 빨리 감기로 보는 사람들의 입장에게 그런 부분은 (그들이 생각하는) 핵심 줄거리와 무관한 '샛길'일 뿐이다. 만약 그런 이야기가 한 회 분량을 차지한다면 바로 통째로 건너뛰는 대상이 되리라.

고바야시 씨는 곤혹스러워했다.

"메인플롯은 서브플롯을 포함하고 있어요(플롯은 이야기의 뼈대, 구성을 말한다). 본래 메인플롯과 서브플롯은 분리되지 않고, 동시에 진행돼요. 여기서부터는 메인, 여기는 서브라는 식으로 명확히 구분되는 것이 아닙니다. 서로 밀접하게 연관되어 있어요. 그래서 어떤 이야기를 통째로 건너뛰면 메인플롯도 건너뛰는 셈이 됩니다."

고바야시 씨는 이시하라 사토미 주연, 노기 아키코 각본의 드라마 《언내추럴》(2018)을 예로 들었다. "회차별로 사건이 해결되는 구조라서 전체를 볼 필요가 없다고 생각할지 모르지만 절대 그렇지 않아요. 등장인물이 각각 과거나 비밀을 안고 있는데 회차마다 조금씩 배경이 밝혀지는 시나리오라서 중간에 한 회라도 건너뛰면 연결이 안 됩니다. 전체를 관통하는 커다란 플롯과 회차별 사건 플롯이 제대로 병행된 훌륭한 시나리오입니다."

'늘어지는 장면'을 10초 건너뛰기로 보는 것에 대해서는 어떻게 생각할까?

"시나리오의 핵심은 완급 조절이에요. 좋은 소식과 나쁜 소식이 번갈아 나오는 거죠. 때로는 어떤 사람이 많은 말을 들은 후 아무런 반응 없이 잠자코 있게 만들어서, 관객으로 하여금 '왜 가만히 있는 거지?' 하고 불안함을 느끼게 해요. 그렇게 시나리오에 훅(hook, 걸리는 요소)을 늘 준비해서 흐름을 만들고 관객을 끌어가는 거예요."

각본가가 주도면밀하게 준비한 '완'을 시청자가 마음대로 바꿔 보는 것이 바로 빨리 감기, 건너뛰기다. 여기서 각본가의 의도는 무시당한다. 다만, 이것만이 전부는 아니다.

제2장

대사로 전부 설명해주길 바라는 사람들

→ 모두에게 친절한 세계관

대사로는 표현할 수 없는 속마음도 있다

최근에는 상황이나 인물의 감정을 하나부터 열까지 대사로 설명하는 작품이 늘어나고 있다. "뭐든지 대사로 말해주니 작품에 여백이 적다고 느껴요. 게다가 그 대사도 뭔가 생각하게 만드는 우회적인 표현이 아니라 그냥 상투적인 말들이에요."(대학교 4학년생)

그런 작품에 익숙해진 시청자는 대사로 주어지는 정보만 이야기 진행과 관련이 있다고 착각하게 된다. 그들의 논리는 이러하다.

"빨리 감기로 봐도 대사는 들리니까(혹은 자막으로 읽을 수 있으니까) 스토리는 알 수 있어요. 문제가 되지 않죠."

반면에 인물이 등장하지 않거나 침묵이 이어지는 장면은 이야기가 진행되고 있지 않은 것으로 여겨 건너뛴다.

《도라에몽》 등의 가족 애니메이션, 《교향시편 에우레카 세븐》 등의 SF애니메이션 외에도 실사 영화나 드라마의 각본, 게임 시나리오 등을 쓰는 각본가 사토 다이 씨는 이렇게 탄식했다.

"상대방을 좋아하면서도 겉으로는 '싫어'라고 말하는 묘사가 지금은 통하지 않아요."

어떤 장면에서 남녀가 서로 말없이 응시하면서 상대에게

서 시선을 떼지 않는다. 분명히 호감이 있다는 묘사다. 그런데 어떤 시청자는 이렇게 반론했단다.

"그런데 누구도 좋아한다는 말을 안 했으니 호감은 아닌 것 같아요. 좋아한다면 직접 말하지 않았을까요?"

트위터에서도 암묵적인 비유, 풍자, 우의를 이해하지 못하는 사람이 자주 관찰된다. 이를테면 시대착오적인 발언을 한 유명인에 대해 누군가가 "이 사람은 구석기시대에서 왔나?"라는 풍자적인 글을 올리자 "뭐? 그 사람 나이가 몇 살인데, 말도 안 되는 이야기죠" 하고 댓글을 단다.

이런 상황이 드물지 않게 보인다.

◀◀

제작사가 쉬운 영화를 원하는 이유

▶▶

애니메이션 영화 《이 세상의 한구석에》(2016) 등의 제작사 젠코의 대표이사인 마키 타로 씨에 의하면 작품에서 대사로 설명하는 부분이 늘어나는 이유 중 하나는 각본을 읽은 투자사가 '어렵다'는 의견을 자주 내기 때문이라고 한다. 투자사들은 왜 '이해하기 쉬운 각본'을 추구하는 걸까?

"관객이 찾지 않을까 봐 불안한 거죠. 저는 대사로 설명하면 너무 뻔하니까 좀 어려워도 영화에 집중하게 만드는 것이 맞지, 무조건 쉬운 작품이 좋다고는 생각하지 않아요."

마키 씨는 오시이 마모루 감독의 《기동경찰 패트레이버 더 무비》(1989), 곤 사토시 감독의 《천년여우》(2002)를 비롯해 30년 이상 상업영화 제작에 참여했다. 그런 만큼 "드라마는 물론이고 영화도 대사의 비중이 20년 전, 30년 전에 비해 압도적으로 늘었다"는 그의 말이 무겁게 느껴졌다. 사토 씨는 투자사의 요구에 어떻게 대응하고 있을까?

"설명이 없어 이해하기 어렵다는 이야기를 들으면 기본적으로는 패배감밖에 안 들어요. 그래도 분명히 말하죠. '이해하기 쉽게 만들어달라'는 건 '재미있게 만들어달라'와 같은 말이 아니라고. 재미가 덜해도 좋으니 이해하기 쉽게 만들어달라는 이야기라면 받아들일 수 있는 거고요."

이해하기 쉽게 만든 결과는 무엇일까?

"긴박감이나 재미가 사라지는 건 당연하고, 일일이 설명해주면 보는 사람의 생각이 거기서 멈추거든요. 그러니까 이해하기에 살짝 어려운 정도로 만들어서, 조금은 시청자들이 따라오도록 해야 재미가 있어요. 각본이야 두 방향으로 다 쓸 수 있지만 어느 쪽을 택할 건지 물어보죠."

그런 요구가 없어도 처음부터 설명이 많은 시나리오를 쓰는 각본가도 적지 않다. 고바야시 씨도 말한다.

"최근 작품을 많이 본 각본가는 말하기도 전에 설명이 많은 시나리오를 써오는 경향이 있어요. 아는 거죠. 요즘 시나리오는 친절하게 대사로 다 설명해줘야 한다는 '정답'을요."

'이해하기 쉬운 것'이 환영받는다

'이해하기 쉬운 것'이 대접받는 세상이다. 극단적이고 선정적인 의견을 짧고 시원하게 외치는 사람이 인터넷에서 팔로워를 모으기 쉽다. 어느 인플루언서가 2021년 8월, 자신의 유튜브 채널에서 "홈리스는 살 가치가 없다"라고 말해 이슈가 되었다. 블로거이자 경영자인 야마모토 이치로 씨는 유튜브에 대해 "더 과격한 언행으로 조회 수를 올리는 자가 이기는 게임으로 팬 문화를 넘어 일종의 종교와 비슷하다"라고 한 후에 이렇게 말을 이어갔다.

"책이나 학설에서 그럴 듯한 지식을 주워 담아 시청자 눈높이로 알기 쉽게 말해줌으로써 신자를 끌어모읍니다. 신자들은 운영자가 다루는 주제에 대해 잘 몰라도 돼요. 필요한 건 알기 쉽게 딱 잘라 말해주니 잘 몰라도 알고 있다는 느낌, 이해하고 있다는 느낌을 주죠. 그때부터는 운영자가 '의문을 품지 말고 나만 믿고 따르라'고 하게 되는 거예요."

이 인플루언서의 유튜브 채널 구독자 수는 6개월이 지난 지금 (2022년 2월)도 약 230만 명을 유지하고 있다.

일부 온라인 커뮤니티의 구조도 비슷하다. 운영자는 유료 회원들에게 극단적이고 선정적인 의견을 계속 외친다. 그 의견에 찬성하는 유료 회원만 모인 폐쇄된 공간이므로 반대

의견 등 잡음이 끼어들기 어렵다. 샛길은 없고, 최단 거리로 일치된 '답'에 도달한다.

어떤 논점이나 문제에 대해 찬성과 반대 의견이 바삐 오가면 그만큼 소통에 힘이 든다. 즉, 불쾌해진다. 이런 불쾌함을 피하기 위해 빠르게 정답을 알려주는 곳에 사람이 모인다. 영상 작품도 마찬가지다.

◀◀

더 짧고, 더 구체적으로

▶▶

'짧게' 하기는 이해를 돕는 지름길이다. 2010년대 초부터 폭발적으로 보급된 트위터는 게시글당 글자 수를 140자로 제한하고 있다. 이를 통해 가급적 짧고, 간결하고, 빠르게 메시지를 전달한다는 사상을 10년에 걸쳐 인터넷 공간에 심어두었다. 물론 인터넷이 언론의 전부는 아니지만 많은 사람에게 가장 가까운 언론인 것은 사실이다.

인터넷 기사가 조회 수를 늘리기 위해 "제목은 직설적으로, 내용은 한마디로 요약할 수 있게, 결론은 한 줄로 써라"를 금과옥조로 삼는다는 것은 잘 알려진 이야기다.

라인LINE에서 운영하는 '라이브도어 뉴스'에는 고작 수백 자의 짧은 뉴스 앞에도 '간단히 말하면'이라는 세 줄 요약이 붙는다. 베스트셀러 도서의 내용을 요약해주는 서비스도 인기를 끈다. "책 내용을 한 장으로 요약해드립니다", "5분 만에 읽는 요약", "바쁜 직장인을 위한"이라는 홍보 문구를 어디서나 쉽게 볼 수 있다.

요즘에는 출판사에서도 공식적으로 자사 도서의 요약본을 제공한다. 바쁜 서점 MD에게 책 내용을 알려주기 위해서다. 요약만으로는 작품의 깊이를 제대로 알 수 없다는 이상론은 출판 현장에서 거의 무의미하다. 매일 대량으로 간행되는 책의 홍수 속에서 어느 한 권을 골라 좋은 위치에 진열하게 하려면 이목을 끌 만한 내용이 필요하다. 일반 독자뿐 아니라 책 전문가인 서점 직원들에게도 마찬가지다.

'설명식 대사'와 '짧고 간결하게'라는 지시가 언뜻 상반되는 것처럼 보인다. 하지만 다양하게 해석될 여지가 있는 복잡한 사건을 오해 없이, 단일한 의미로 단순화한다는 의미에서 이 둘은 동일하다.

좋은 예가 라이트 노벨light novel의 제목이다. 라이트 노벨의 정의에 대해서는 여러 설이 있다. 장르와 경향에 따라서는 '판타지 소설', '라이트 문예', '신문예' 등의 호칭도 존재하지만 여기서는 '만화나 애니메이션 느낌의 삽화와 표지를 사용하고, 순수문학에 비해 가독성과 오락성이 강조된 소설' 정도로 해두자('젊은 층 대상 작품'이라고 정의하는 경우도 있지만 요즘 라이트 노벨 독자를 보면 젊은 층만 있는 것은 아니다).

라이트 노벨을 살펴보면 제목이 대체로 길다. 제목이 내

▶ ▶▶ ▶️

용을 설명하여 줄거리 역할을 대신하기 때문이다. 다음은 모두 최근 10년 내 인기작들이다.

『던전에서 만남을 추구하면 안 되는 걸까?』

『전생했더니 슬라임이었던 건에 대하여』

『소꿉친구가 절대로 지지 않는 러브 코미디』

『여성향 게임의 파멸 플래그밖에 없는 악역 영애로 환생해버렸다』

『마왕학원의 부적합자~사상 최강의 마왕인 시조, 전생해서 자손들의 학교에 다니다~』

『예를 들어 라스트 던전 앞 마을의 소년이 초반 마을에서 사는 듯한 이야기』

오해할 여지가 없다. '상품 설명'으로는 이보다 더 친절할 수가 없다. 본문을 전부 읽어야만 비로소 제목에 담긴 깊은 뜻이 이해되는 작품은 상품으로서 가치가 떨어져버렸다.

◀◀

시청자에게 외면받는 영상의 특징

▶▶

이야기에 설명이 너무 많으면 시청자는 생각하기를 멈춘다. 다르게 말하면 대사로 모든 것을 이해하려는 사람은 행간에 숨은 뜻을 읽고 사고하려는 마음이 없다.

"애당초 문자가 아닌 영상으로 만든 이유는 배우의 대사

뿐 아니라 분위기나 표현에도 메시지를 담았기 때문이에요"
라고 마키 씨가 말했다.

　마츠 다카코 주연, 사카모토 유이치 각본 드라마 《오마메다 토와코와 세 명의 전남편》(2021)은 드라마 마니아에게 좋은 평가를 받았다. 이 드라마에 등장하는 한 이별 장면에서는 이별을 고하는 장면이 일절 나오지 않는다. 주인공들이 집에서 헤어지기 직전에 장면이 끝나는데 그사이에 어떤 대화가 오갔는지는 시청자의 상상에 맡기고 있다.

　이 작품은 같은 시기에 방영된 드라마 중에서는 명작으로 평가받았다. 다른 장면에서는 기계처럼 빠른 대화가 난무하는 반면, 정작 중요한 장면에서는 누구도 직접적인 대사로 상황을 설명하지 않는다. 암묵적 비유와 우의로 속마음을 드러냄으로써 그 중요성을 깨닫게 하는 기술이 가득하다. 에피소드 형식의 가볍고도 묘한 코미디 작품이면서 총 10회 중 어느 하나만 놓쳐도 마지막 회의 카타르시스가 불완전해지는 정밀한 구성이 빛났다. 다시 말해, 빨리 감기나 건너뛰기로 보기에는 적합하지 않은 작품이었다. 연관성은 알 수 없지만 높은 평가에 비해 시청률에서는 고전을 면하지 못했다.

　시청률은 첫 회 7.6퍼센트, 마지막 회 5.7퍼센트, 평균 6.1퍼센트에 그쳤다(비디오 리서치, 간토지구). 13~49세를 대상으로 조사한 마지막 회 시청률도 1위 《드래곤 사쿠라》(18.4퍼센트), 2위 《리코카츠》(17.8퍼센트), 3위 《꾸미는 사랑에는 이유가 있어》(16.4퍼센트), 4위《사랑은 좀 더 Deep하게—운명의 재회 스페셜》(13.3퍼센트) 등에 순위가 밀려났다.

높은 평가에도 시청률이 따라주지 않은 이유로 몇몇 분석 기사는 '난해한 내용'을 꼽았다. 이 '난해함'의 정의는 무엇인가?

◀◀

작품 해석은 관객의 몫이다

▶▶

직접적으로 설명하지 않는 이야기는 관객이 스스로 해석해야 한다.

"사람마다 받아들이는 방식이 다르지만 그래도 괜찮습니다. 시청자에게는 작품을 오독할 자유가 있으니까요. 오독의 자유도가 높을수록 작품에 깊이가 있다는 이야기입니다. 물론 이건 제 의견이긴 해요."(마키 씨)

하지만 대사로 전부 설명해주길 바라는 관객은 오독의 자유를 만끽하려고 하지 않는다. 그 자유를 작품의 깊이로 받아들이지 않는다. 오히려 불친절하다며 불쾌감을 표현한다.

"모두 다 그런 건 아니지만 저는 관객이 유치해지고 있다고 생각해요. 점점 더 편한 것만 추구하죠. 세계적인 경향인 걸요. 그냥 분명하게 보여달라는 겁니다. 이해를 못하는 게 자기 탓은 아니길 바라는 거죠. 그러니 이해하지 못하면 불친절

한 작품 탓으로 돌려요."(마키 씨)

　작가인 다케다 사테츠의 저서 『알기 쉬움에 대하여』_{わか}
りやすさの罪에는 극작가이자 연출가인 고카미 쇼지의 혼잣말이
소개되어 있다. 고카미가 "요즘 연극 관객이 많이 달라졌다"
라고 하자 다케다가 어떻게 달라졌는지 묻는데 고카미는 곤
란한 듯 이렇게 중얼거렸다.

　"연극이 끝나고 나서 결국 누가 나쁜 놈인 건가요? 하고
진지한 얼굴로 물어본단 말이지."

　영화나 드라마에서도 비슷한 광경이 펼쳐진다. 리뷰 사
이트나 스포일러 사이트가 인기를 끄는 이유다.

　하지만 마키 씨 의견에 반대하는 사람들도 있다.

　"우리가 유치해졌다지만 그건 교육이 실패했다는 사실이
드러난 것뿐이잖아요. 우리는 어릴 때부터 문화, 예술 교육을
거의 받지 못했습니다. 그렇게 키운 건 위 세대들이죠."(영화
학과 시나리오 전공, 남성, 대학교 4학년)

◀◀

이런 것도 평론이라고 할 수 있을까?

▶▶

예전보다 관객이 유치해졌고, 그에 따라 설명이 과도한 작품
을 많이 만들어내게 되었다고 결론짓는 것은 성급하다. 예나
지금이나 '유치한 관객'이 있다는 건 변함없다. 그런데 그들

이 세상으로 나오게 된 특별한 계기가 있었다. 바로 인터넷과 SNS의 발달이다.

20년 전, 30년 전에도 '유치한 관객'은 많았을 것이다. 하지만 당시에는 그 유치함을 작품 탓으로 돌릴 수단이 없었다. 2000년대 초에도 블로그와 익명 게시판은 있었으나 다수의 민심을 대표하지는 못했다. 그러다가 2000년대 후반 이후 트위터를 비롯한 SNS가 생겨나고 보급되면서 누구나 무료로 작품에 대한 감상을 적을 수 있게 되었다.

이때 가장 하기 쉬운 말이 "잘 모르겠다(그래서 재미없었다)"이다. 여기에는 논리적인 설명이나 근거가 필요하지 않다. 이런 감상이 폭발적으로 퍼지고, 이에 동조하고 부응하는 의견이 많아질수록 투자자나 제작자는 이 의견을 무시하기 힘들어진다. 결과적으로는 이들을 관객으로 붙잡기 위해 작품에 설명식 대사가 늘어난다.

한 40대 각본가는 과거에 각본 회의에서 있었던 일을 들려주었다. 다른 각본가가 쓴 시리즈물 시나리오에 이미 방송된 회차에 등장한 내용이 또 쓰여 있었다. 감독에게 중복된 부분을 지적하자 이런 대답이 돌아왔다.

"시청자들은 우리가 생각하는 것 이상으로 잘 잊어버리니까 괜찮아요. 아무도 신경 쓰지 않습니다."

재미있다고 말하는 데는 용기가 필요하다

그렇다고는 하나 SNS에 올라오는 작품 감상이 부정적인 내용으로 가득한 것만은 아닐 터다. 재미있다는 의견이 이해가 안 됐다는 의견보다 월등히 많은 작품도 있다. 하지만 사토 씨의 이야기는 이렇다.

"인터넷에서 재미있다고 의견을 말하는 데는 용기가 필요해요. 절대로 부정할 수 없을 법한, 모든 사람이 걸작으로 인정해주는 작품이 아니면 재미있다는 말을 하기 힘든 분위기가 있거든요."

인터넷에서 어떤 작품이 좋다고 말하는 일에는 위험이 따른다. 2021년 4월에 오사카 니시나리구 신노미야에서 어느 여성 작가가 '홈리스와 데이트'를 했다는 미담 기사가 공개된 직후, 많은 인플루언서가 그 기사를 칭찬했다. 그런데 일각에서 '홈리스를 미담으로 콘텐츠화한다'라는 의견이 제기되었고, 앞서 기사에 호의적이었던 이들이 일제히 침묵으로 돌아섰다. 이윽고 '그 기사를 칭찬한 사람이 누구야?'라는 마녀사냥이 시작되었다. 심지어 그중 한 인플루언서가 오래전에 '좋아요'를 누른 SNS 글이 차별 발언이었던 것 때문에 나중에 사죄하는 지경에까지 이르렀다.

"작품을 칭찬하는 쪽보다 비판하는 쪽이 우위를 차지하

죠. '이렇게 이해하기 힘든 작품을 만들다니' 하고 분노하면 피해자가 되는 거니까. 게다가 피해 사례는 온라인에서 동조자를 구하기도 쉬워요."(사토 씨)

SNS의 탄생으로 사실상 아무런 비용 없이 간단하게 '피해 사례'를 올릴 수 있게 되었다. 이런 의견을 막고, "잘 모르겠다(그래서 재미가 없었다)"라는 리뷰를 피하는 방법은 모든 것을 친절하게 설명해주는 것뿐이다.

◀◀

애니메이션에 설명이 많아지는 이유

▶▶

설명이 과도한 애니메이션이 늘어난 배경에는 소설 투고 사이트가 있다. 소설 투고 사이트란 누구든 자기가 쓴 소설을 공개할 수 있는 사이트를 말한다. 독자의 감상이나 평점이 실시간으로 보이는 데다 작품 순위도 한눈에 알 수 있다. 출판사가 신인 발굴을 목적으로 운영하는 경우도 있으며, 2010년대 이후로 특히 인기를 끌고 있다.

소설 투고 사이트에 투고된 작품은 대개 앞에서 이야기한 라이트 노벨로 출간된다. 그리고 그 작품을 다시 애니메이션으로 리메이크하는 경우가 늘고 있다. 라이트 노벨 독자와 청소년 대상 애니메이션의 시청자가 속성이나 기호 면에서 비슷하기 때문이다. 하쿠호도 DY미디어 파트너즈 환경연구소의 모리나가 씨는 이렇게 말한다.

"옛날에는 소설가가 독자로부터 감상평을 받는 수단이 편지뿐이었죠. 그러니 작가의 창작을 흔들 만한 의견은 출판사에서 작가에게 보여주지 않으면 그만이었어요. 그런데 소설 투고 사이트 작가는 독자의 감상을 직접 전달받아요. 그 수도 편지와 비교가 안 되고요."

당연히 "잘 이해가 안되었다(그래서 재미가 없었다)"라는 부정적인 내용도 많이 받는다.

"인기 작가일수록 설명이 부족하다는 등 개연성이 없다는 등 날카로운 지적을 받거나 두들겨 맞는 일이 많아요. 그러면 다음 작품에서는 점점 설명을 추가합니다. 그게 영상이 되면 당연히 설명식 대사도 많아지죠."(모리나가 씨)

고바야시 씨도 "원작(라이트 노벨)에 충실할수록 시나리오에서도 설명이 많아져요"라며 동의했다. 스마트폰 게임을 원작으로 하는 애니메이션도 동일하다.

"애니메이션 작품에 투자하는 게임 회사의 최종 목적은 게임 사용자를 늘리는 거예요. 그러니 설명이 많아질 수밖에 없어요. 애니메이션을 12회, 13회까지 만들어서 자사 게임을 이해하고 흥미를 느끼도록 하지요."(모리나가 씨)

◀◀

조회 수를 늘리기 위해서라면

▶▶

라이트 노벨에 대해 조금 더 깊이 파보도록 하자. 한 대형 출판사에서 라이트 노벨 편집자로 일하는 X 씨도 모리나가 씨와 같은 의견이다. 그의 말에 따르면 소설 투고 사이트 중에서도 인기 있는 장르의 작가는 매일 혹은 2, 3일 간격으로 새 글을 올리지 않으면 독자를 모으지 못한다. 최근 인기 있는 내용은 평범한 주인공이 다른 세계로 이동해 갑자기 눈부신 활약을 펼치는 이야기다. '소설가 지망생'에게서 나온 작품에 그런 경향이 강하다.

"모든 작품이 그렇다고 할 수는 없고 투고 사이트 이용자들의 수준이 높아지기는 했지만 역시 아직도 설명이 부족하면 불친절하다고 느끼고 외면하는 사람이 많아요. 그러면 작품에 포인트가 붙지 않으니 순위가 밀리죠. 순위를 올리려면 독자의 기대에 부응하는 수밖에 없어요. 대부분 아마추어 작가라 따로 편집자가 붙는 것도 아니어서, 독자가 바라는 대로 써버리기 쉽고요."

엔터테인먼트의 원래 목적이 독자나 시청자에게 재미를 주는 것이긴 하지만 고민 없이 독자의 요구를 모두 수용하는 건 영합주의다. 불륜 보도로 판매 부수를 올리려는 주간지나 낚시성 제목으로 조회 수를 늘리려는 인터넷 기사와 크게 다를 바가 없다.

그렇지만 아무리 좋은 작품을 써도 아무도 읽어주지 않는다면 어떨까? 그들의 목적은 숭고한 예술가인 양 구는 것이 아니라 한 명이라도 많은 독자를 확보하는 일이다. 작가인 이이다 이치시 씨는 저작『라이트 노벨 연대기 2010-2021』에서 '소설가 지망생' 출신 작가인 쓰다 호코 씨의 글을 인용하며 이렇게 말했다.

"소설 투고 사이트에서 순위권에 오르려면 글자 수, 투고 시간, 투고 횟수, 회당 내용, 트렌드 반영 등 세세한 부분을 모두 신경 써야 한다."

또한 마케팅의 일환으로 독자의 의견에도 귀를 기울여야 한다. 이 경우 독자라기보다는 소비자라고 부르는 것이 좋을지도 모르겠다.

◀◀

대사가 필요 없는 시나리오의 기술

▶▶

라이트 노벨 원작은 아니지만 앞서 말한 TV 애니메이션《귀멸의 칼날》에 대해 고바야시 씨와 각본가 지망생들은 '그림으로도 충분히 알 수 있는 내용을 대사로 일일이 설명해주는' 점에 거부감이 든다고 입을 모았다.

"만약 제가 관여하는 작품에서 저런 각본이 올라온다면

설명이 너무 많은 거 아니냐고 꼭 말할 거예요. 저렇게까지 설명하지 않아도 원작의 장점을 충분히 표현할 수 있다고 생각해요."(고바야시 씨)

구체적으로는 어떻게 하는 것일까?

"떨어진 탄지로가 눈 덕분에 목숨을 건진 부분을 그대로 살린다고 하면 적어도 떨어지는 순간은 주위 상황을 보여주지 않는 거죠. 발이 미끄러진 탄지로에게 '떨어졌어, 이제 난 끝이구나' 싶은 표정을 짓게 한 후, 훅 떨어뜨리고는 '어? 살았잖아. 왜지?'라고 생각한 시점에 비로소 주위의 눈을 보여주는 겁니다. 시청자들도 그때야 눈 덕분에 살았다는 것을 깨닫는 거죠. 그렇게 완급 조절을 하는 겁니다. '눈 덕분에 살았군' 같은 대사로 모두 설명하고 싶겠지만 대사로 설명할 수 있는 것을 영상으로 보여주는 게 각본가의 일이니까요."

'샤레이드'라는 시나리오 용어가 있다. 오드리 헵번 주연의 영화 《샤레이드》(1963)에 등장하는 제스처 게임에서 유래한 말로 '간접 표현'을 의미한다. 눈으로 보고 알 수 있는 것은 일일이 대사로 설명할 필요가 없고, 하지 않아야 한다는 이론이다.

고전적 명작 《로마의 휴일》(1953)에도 '샤레이드'가 사용되었다. 오드리 헵번이 연기한 앤 공주가 각국 중요 인사들과 차례로 악수하며 인사하는 장면이 나오는데, 그녀는 시종일관 지루해 보인다. 다만 "아, 지루해"라는 대사는 없다. 대신

카메라가 그녀의 드레스 속 발끝을 비춘다. 그녀는 지루한 나머지 발을 꼼지락거리며 한쪽 구두를 벗어둔다. 발끝이 신발을 잃어버리고 급기야는 자리에 앉을 때 구두를 놓쳐버린다. 이 장면은 앤 공주가 지루해하고 있음을 대사 한 줄 없이 효과적으로 보여준다. 이것이 시나리오 기술이다.

◀◀

원작이 있으면 작가가 괴로운 이유

▶▶

고바야시 씨는 "《귀멸의 칼날》에는 각본가 크레딧이 없다"라고 말했다. 실제 1회 엔딩 크레딧을 확인해보니 '시리즈 구성·각본: ufotable'이라고 되어 있었다. ufotable은 이 작품의 제작사로 개인의 이름이 아닌 회사명이다.

이를 보건대 고바야시 씨처럼 이름난 프리랜서 각본가가 시나리오를 쓴 게 아님은 분명하다. 그리고 이런 경우 원작 만화의 대사를 가급적 충실히 '애니메이션화'하고 '각색'의 느낌은 적은 경향도 엿볼 수 있다.

2020년 10월에 개봉하여 인기를 끌었던 《극장판 귀멸의 칼날: 무한열차편》 공식 사이트 설명에도 '각본 제작: ufotable'이라고 나와 있다. 이 작품은 원작 만화 7권과 8권의 내용을 충실하게 애니메이션화했다.

고바야시 씨에 의하면 1996년부터 방영된 장수 애니메이션 《명탐정 코난》도 원작을 따른 회차에는 각본가가 존재하지 않는다. 과거에는 원작을 따른 회차에도 각본가가 있었지만 애니메이션 방송 초기의 이야기다. 공식 사이트에는 '스토리 에디터(시리즈 구성)'라는 직함은 있어도 '각본'에 대해서는 기재된 바가 없다.

원작 만화의 대사를 최대한 살려 충실하게 영상화한 것이 옳은지 그른지는 따지지 않겠다. 한 가지 말할 수 있는 건 요즘은 영상화하면서 대사를 바꾸면 그것이 적절한 각색의 범위 내여도 원작 팬이 '원작 파괴'라며 불만을 토로한다는 사실이다. 그런 우려를 없애려면 처음부터 '원작 그대로' 가는 것이 무난하다.

지브리 스튜디오에서 조감독으로 일했던 애니메이션 감독 미야지 마사유키 씨는 애니메이션 업계의 원작 충실주의에 대해 이렇게 적었다.

"옛날처럼 원작 만화를 애니메이션으로 각색하지 않고, 장르만 바꾼다. 틀에 끼워 맞추거나 겉보기만 정리해주는 식이다", "감독에게는 독자적인 원작 해석이나 사상성思想性이 요구되지 않고, 연출적인 변화도 용납되지 않는다. 오히려 원작을 가급적 그대로 옮기도록 요구받는다."

왜 TV는 자막을 버리지 못하는가

과도한 설명이라고 하면 버라이어티 프로그램이나 정보 프로그램도 빠지지 않는다. 지금 어떤 코너가 진행 중이고, 무엇을 하고 있으며, 다음에 등장할 연예인은 누구인지 등의 정보가 화면의 위, 아래, 사방에 자막으로 제공된다. 그야말로 정보의 홍수다. 하지만 여기에도 이유가 있다.

"방송국에서 일하는 사람들은 늘 같은 시간대의 프로그램이나 시청률이 좋은 프로그램을 아주 세세한 시간 단위로 나누어 연구해요."(모리나가 씨)

여기서 중요한 사실이 있다. 그들은 시청률이 올라간 데에는 여러 요소가 복합적으로 작용했다고 생각하지만 시청률이 떨어지는 것은 자신들 책임으로 여긴다. 즉, 지금까지 A채널을 보던 시청자가 B채널로 바꾼 경우 B채널에 보고 싶던 프로그램이 있었는지, 우연히 리모컨을 돌리다가 B에서 멈추었는지 알 수 없다. 하지만 A채널이 지루해서 채널을 돌렸다는 것만은 확실하다. 결과적으로 방송국 종사자들은 왜 시청률이 떨어졌는지를 연구하게 되고, 시청자를 절대 빼앗기지 않겠다며 대책을 강구한다.

여기서 그들은 어떤 사실을 깨닫는다. 시청자는 지금 무엇을 하고 있는지 모르겠다고 느낄 때 채널을 바꿔버린다는 것이다. 그리고 그런 불상사를 막으려면 과다한 설명이 될지라도 늘 자막을 표시해두어야 좋다는 것을 말이다. 자막이 있으면 다른 생각을 하거나 다른 일을 하면서 보더라도 갑자기 화면에 집중했을 때 금세 내용을 따라갈 수 있다.

"화면을 텍스트로 뒤덮어도 의외로 시청자는 과하게 느끼지 않는다는 사실이 시청자 조사를 통해 드러났어요. 결국 각 프로그램이 이를 따라 하다 하나같이 비슷한 화면이 된 겁니다."(모리나가 씨)

또 한 가지, 요즘은 거실과 부엌이 일체화된 구조가 늘어났다. 즉 누군가가 부엌에서 요리나 일을 하고 있으면 거실 TV 소리를 듣기 힘들다. 또 요리를 하면서 텔레비전을 보는 사람도 적지 않다. 이때 자막이 큰 도움이 된다. 싱크대에 물을 틀어놓거나 프라이팬으로 지글지글 요리를 하는 통에 TV 소리가 들리지 않아도 프로그램을 즐길 수 있기 때문이다. 가족과 함께 사는 한 대학생은 "TV가 거실에 있어서 다른 가족의 생활 소음이 방해되죠. 그래서 대부분 자막으로 봐요"라고 했다. 여기서 말하는 자막이란 본래는 시각장애인이나 고령자를 위한 기능이지만 대학생도 유용하게 이용하는 셈이다.

요즘은 출연자의 발언을 한마디도 놓치지 않고 자막으로 표현하는 프로그램도 있다. 식사나 빨래를 하면서도 내용을 잘 이해할 수 있도록 도와주는 친절한 설계다.

이해가 안 되면 재미도 못 느끼는 이유

자막이 가득한 프로그램이 많아지면 시청자는 설명에 익숙해지고 그것을 당연하게 여기게 된다.

　　제1장에 등장한 대학생들에게 자막이 과도하게 많은 현상에 대해 어떻게 생각하는지 묻자 많은 이가 "듣고 보니 그런 것 같기도 한데 특별히 의식하지는 못했어요", "이렇게 설명이 많은지 처음 알았습니다"라는 반응을 보였다. 평소에는 별로 의식하지 못했다는 말이다.

　　"설명이 많은 프로그램에 익숙해져서, 설명이 적은 드라마나 영화를 보면 무언가 놓치고 있다는 기분이 들죠. 그래서 빨리 감기를 하거나 자기도 모르게 스마트폰으로 손이 가는 겁니다."(모리나가 씨)

　　실제로 빨리 감기 시청이 습관화된 사람들은 종종 "보통 속도로 보면 답답하다. 1.5배나 2배 정도가 딱 좋다"라고 말한다. 또 젊은 층에게 TV보다 더 친숙한 유튜브 영상은 대체로 지상파 방송보다 편집 속도가 빠르다. 중간 중간 쉴 만한 시간이 아예 없고 자극적인 발언이 연달아 나온다. 즉, '정보 밀도가 높다'. 그런 정보 밀도와 속도에 익숙해져서 긴 장면이나 대사가 없는 장면을 못 견디는 게 당연한지도 모른다. 대학생들이 저마다 "성격이 급하다"라고 했던 게 떠오른다.

과도한 정보와 설명으로 가득한 낭비 없는 영상 콘텐츠만 계속 접하다 보면 누구라도 그것에 익숙해진다. 그런 이들에게 조금 길고 깊은 의미의 원 커트 영상이나 대사 없이 침묵만 이어지는 연기에서 무언가를 읽어내라고 한다면 당황스러울 수도 있겠다. 결과적으로 드는 감정은 '이해하기 어려웠다(그래서 재미가 없었다)', '지겹다(그래서 볼 가치가 없다)'이다.

　　습관이 쌓여 교양이 되고 이해력이 된다. 추상화를 한 번도 본 적 없는 사람이 몬드리안의 작품을 갑자기 접하게 된들 어떻게 해석해야 할지 모르는 것과 마찬가지다.

◀◀

두 마리 토끼를 잡아라

▶▶

"시대적으로 '노력'이라는 말 자체를 별로 안 좋아해요. 이해도 안 되는 걸 억지로 보고 어떻게든 이해해보려고 하는 것 말이에요. 하지만 그 사람들을 탓할 마음은 없어요. 관객이 어떻게 보든 그들 마음이잖아요. 관객에게는 오독의 자유가 있어요. 빨리 감기든 건너뛰기든 보는 속도는 상관없죠. 물론 그런 식으로 볼 거라는 전제로 작품을 만들지는 않아요. 제가 제작한 작품을 관객이 눈앞에서 빨리 감기로 본다면 화가 나겠죠(웃음)."(마키 씨)

　　체념인 걸까?

"아니에요. 앞으로도 빨리 감기를 하지 않는 사람들을 생각하면서 작품을 만들 거라는 말이에요. 멋지게 말하자면 빨리 감기로 본 사람이 언젠가 그 작품을 보통 속도로 볼 기회가 있을 때, '아, 이렇게 좋은 작품이었구나' 하고 깨닫는 미담을 기대하는 거죠."(마키 씨)

사토 씨는 작품의 제작 방법을 근본적으로 바꾸어야 한다고 생각한다.

"설명식 대사를 넣어야 하는 건 어쩔 수 없다고 하더라도 각본가로서는 그와 별개로 계속 싸워야 한다고 생각해요. 이를테면 《도망치는 건 부끄럽지만 도움이 된다》(2016)나 《MIU404》(2020)의 노기 아키코 씨 각본은 쉬운 대사로도 사회 문제나 자신이 추구하려는 주제를 잘 담았어요. 그리고 이게 중요한 부분인데, 만약 정보 이해력이 낮은 시청자가 이 작품의 주제를 충분히 읽어내지 못했어도 소외당하지 않게 다른 즐길 거리를 첨가해요. 그래서 드라마 자체를 제대로 즐기게 하죠. 그렇게 각본을 써야 해요."

정보 이해력이 낮은 시청자가 열등감을 느끼지 않는다면 사토 씨의 지적대로 "작품에 클레임을 걸면서 우위를 차지하려는" 일도 없을 것이다. 한편, 이해력이 높은 시청자는 작품의 깊이를 충분히 음미할 수 있다. 양쪽을 모두 만족시킬 수 있는 작품을 만들어야 한다는 이야기였다.

"NHK 아침드라마 《아마》(2013)도 그랬어요. 이해력이 높은 사람은 디테일한 서브 컬처나 1980년대의 시대 배경을 파보며 즐겼지만 배경지식이 없는 사람은 주인공의 고군분투를 따라가는 것만으로도 즐거웠어요."

◀◀

이해가 안 되면 안 되는 대로

▶▶

이해가 되는 사람은 되는 대로, 이해가 안 되는 사람은 안 되는 대로 작품을 즐길 수도 있다. 대표적인 작품으로 슈퍼히어로가 주연을 맡은 수십 편의 작품을 모아 하나의 거대한 세계관을 구축하는 헐리우드 애니메이션이 있다.

개별 작품은 복잡한 생각 없이 화려한 히어로 액션 영화 혹은 팝콘 무비로 즐길 수 있다. 반면에 정밀하게 구축된 플롯이나 복선, 숨겨진 설정, 사회 비평적인 측면에 손을 대면 즐길 거리가 무궁무진하게 늘어난다.

배경이 복잡해도 일단 주인공만 따라가면 즐길 수 있는 작품으로 사토 씨는 두 편의 해외 드라마를 예로 들었다. 미국 만화 원작의 《왓치맨》과 체스에 천재적인 재능을 가진 소녀가 활약하는 《퀸스 갬빗》이다.

"《왓치맨》은 복잡한 역사를 배경으로 상당히 기발하고 교묘하게 짜인 스토리인데 주인공인 흑인 여성만 따라가면 돼요. 《퀸스 갬빗》도 미소 냉전, 히피, 여성해방운동 등의 시대 배경, 흑인 인권 운동이나 미투 운동 등의 현대적 사회 문제를 부단히 담고 있는데 그런 내용은 둘째 치고 주인공 베스 역의 아냐 테일러가 너무 사랑스러워요(웃음)."

필자 역시 《퀸스 갬빗》에 빠졌다. 이렇게 심플하고 이해하기 쉬운 이야기가 또 있을까? 무엇보다 천재 소녀가 강적들을 쓰러뜨리고 체스 세계 1위를 꿈꾸는 이야기가 아닌가. 누구나 이해하고 공감할 수 있는 스토리다.

◀◀

'오픈 월드화'하는 각본

▶▶

과거 영상 작품은 어느 수준 이상의 이해력을 가진 관객을 대상으로 해도 그리 문제가 되지 않았다. 이해하지 못하는 사람 중 일부는 스스로 노력해서 이해하려고 했고, 배제된 사람들의 목소리는 가시화되지 않았기 때문이다.

하지만 지금은 다르다. 어느 정도 규모가 있는 상업 작품이라면 다양한 이해력을 가진 관객 누구나 만족할 수 있는(누구의 기분도 해치지 않는) 작품을 만들어야 한다. 이는 제작자의 배려가 필수라는 의미에서 '소수에 대한 존중', '다양성에 대한 관용'을 포함하는 정치적 올바름Political Correctness, PC과 같은 예의나 규범으로 여겨진다.

정보 이해력이 낮은 사람을 차별하지 않는다는 배리어

프리(barrier free, 시각 장애인과 청각 장애인을 염두에 두고 자막과 음성 해설을 포함하여 제작하는 영화―편집자), 즉 '모두에게 친절한 작품'이야말로 '좋은 작품'이다.

그런데 모든 사람을 만족시키는 작품은 어마어마한 창작 노력을 필요로 한다.

"오픈 월드 게임Open World Game 같은 거라고 생각해요. 광대한 세계관을 준비해두는 거죠. 좋아하는 곳을 철저하게 파려고 생각하면 팔 수 있고, 파지 않아도 게임은 즐길 수 있도록요. 어떤 눈높이로 그 세계를 체험할지는 플레이어의 자유고요."(사토 씨)

오픈 월드 게임이란 광대한 가상세계(기본적으로는 3D 공간)를 자유롭게 돌아다니는 유형의 게임이다. 기본적인 목적이 설정되어 있지만 그 세계에서 어떻게 지낼지는 플레이어의 자유다. 최근 유명한 작품으로는 〈젤다의 전설 브레스 오브 더 와일드〉(닌텐도 스위치)와 〈그랜드 테프트 오토V〉(PS4, PC 등)가 있다.

오픈 월드 게임은 제작자가 준비한 모든 건축물과 장소에 발을 들이지 않고도, 또 모든 이벤트를 체험하지 않고도 게임을 즐길 수 있도록 설계되어 있다. 게임 내에서 체험하지 못하는 것이 있어도 플레이어를 불쾌하게 만들지 않는다. 이야기를 만드는 사람도 근본적으로 달라져야 한다. 수월하지 않은 시대가 도래한 셈이다.

"《신 에반게리온 극장판》(2021)이 좋은 예예요. 1995~1996년의 TV 시리즈부터 25년 동안 줄곧 '설명하지 않기'로 유명했던 감독도 이번에는 주요 캐릭터가 순서대로 등장해 친절히 설명하게 만들었으니까요. 이렇게 친절한 에반게리온은 처음이에요. 감독이 늘 시대를 염두에 두는 편이니까 '지금은 그렇게 가야겠다' 하고 일부러 그렇게 만든 걸까요?"(사토 씨)

제3장

실패하고 싶지 않은 사람들

↝ 개성이라는 족쇄

제1장에서는 구독 서비스의 영향으로 공급이 늘어난 현상, 제
2장에서는 작품의 설명 과잉 경향에 관해 이야기했다. 이 두
요인은 빨리 감기 시청의 외적 요인이라고 할 수 있다. 그렇
다면 내적 요인은 무엇일까? 그들 내면에서 빨리 감기를 하게
끔 만드는 이유는 무엇일까?

　어릴수록 빨리 감기에 적극적인 사람의 비율이 높다는
사실을 염두에 두어야 한다. 앞에서 말했듯이 20대에서 60대
까지 남녀 중에서 빨리 감기 경험이 가장 많은 이들은 20대
남성(54.5퍼센트), 이어서 20대 여성(43.6퍼센트)이었다. 아오
야마 가쿠인대학의 설문조사에서는 2~4학년(대략 만 19~22세)
의 66.5퍼센트가 '빨리 감기를 자주 한다, 때때로 한다'는 쪽
이었다. 유메메 씨의 「청년 사용설명서」에도 빨리 감기 시청
이 "청년의 행동 상식"이라고 나와 있다.

　"바쁘지만 친구들과의 대화를 따라가야 하니 빨리 감기
로 본다"라는 의견이 10대~20대 사이에서 많이 들리기도 한
다. 그들은 영화나 드라마, 애니메이션의 열렬한 팬도 아니고
그것들을 일일이 확인해야 하는 직업을 가진 것도 아니다. 왜
그렇게 하면서까지 이슈를 따라가려 하는 걸까? 대화에 끼는
것이 예전과는 비교도 안 될 만큼 중요해진 탓이다. 이를 초

래한 것이 바로 SNS에 수시로 접속하는 습관이다.

〈2021년 모바일 동향 조사〉에 의하면 10대의 94.6퍼센트, 20대의 92.9퍼센트가 스마트폰이나 휴대전화로 라인(LINE, 일본에서 사용되는 메신저 어플—편집자)을 이용하고 있다. 같은 SNS인 트위터(10대의 80.1퍼센트, 20대의 75.4퍼센트가 이용)나 인스타그램(10대의 68.0퍼센트, 20대의 63.4퍼센트가 이용)에 비해 압도적인 이용률이다.

라인에서는 언제 어디서든 친구와 연결되어 있다. 말 그대로 아침에 눈을 떠서 밤에 잠들 때까지 언제든 연락할 수 있고, 늘 어떤 반응을 요구받는다. 그렇다고는 하나 세상에 그렇게 많은 이야깃거리가 있는 것은 아니다. 그런 상황에서 손쉽게 분위기가 살아나는 데는 "그거 봤어? (혹은 그거 들었어?) 재미있더라. 꼭 봐!"가 유용하다. 영화나 드라마, 애니메이션 혹은 음악 등의 콘텐츠를 화제로 삼는 것이다. 이런 화제를 무시하면 대화에 끼지 못할 뿐 아니라 후폭풍이 따른다. 소위 말하는 '읽고 씹기'는 '그 화제에 관심이 없다'라는 적극적인 태도로 받아들여진다. 화제가 된 작품은 가급적 보고 감상을 말해야 그룹의 평화가 유지된다.

대학생을 중심으로 한 젊은 세대에게는 친구들과의 관계를 유지하는 것이 지상 최대의 명제다. 하쿠호도 DY미디어파트너즈 환경연구소의 모리나가 씨는 이를 '공감 강제력'이라고 칭한다.

게다가 '단톡방'(단체 채팅방)은 한둘이 아니다. 대학 내에서는 같은 과 친구들만 해도 여러 그룹이 있다. 여기에 세미나, 동호회, 아르바이트 친구들, 중고등학교, 어쩌면 초등학교 친구들까지 단톡방으로 영원히 이어진다.

그러니 봐야 할 작품 수가 많을 수밖에 없다. 5개 그룹이 있으면 5개, 10개의 그룹이 있으면 10개의 작품이 매일같이 채팅방에 오르내린다. 현재 방영 중인 프로그램이나 개봉 중인 영화만이 아니다. 10년 전 드라마나 20년 전 영화도 OTT를 통해 얼마든지 볼 수 있지 않은가. 여기에 유튜브 영상까지 더하면 그 수는 무궁무진하다.

산더미처럼 쌓여가는 작품 리스트 때문에 의무감으로라도 영상을 보게 된다. 재미라도 있으면 다행인데 1회, 2회를 보고 흥미가 느껴지지 않으면 적당히 빨리 감기를 하거나 마지막 회로 건너뛴다. 대략적인 스토리와 결말만 알아두면 언제든 이야기에 낄 수 있으니까.

유메메 씨는 인스타그램 메시지로 하루에도 몇 번이나 "이 곡 좋더라", "이 드라마 꼭 봐"라며 친구들의 추천을 받는다. 그럴 때마다 '봐야 하는데, 들어야 하는데' 하는 마음이 든다고 한다.

"음악만 해도 EDM(일렉트로닉 댄스 뮤직) 쪽만 추천해주는 친구가 있는가 하면 K-POP만 이야기하는 친구도 있어요. 힙합이나 랩도 마찬가지고요. 그것도 하나같이 이 장르만큼은 내가 제일 잘 안다는 분위기라서 뭔가 추천도 광고 같아지죠(웃음)."

믿을 만한 친구의 추천은 수많은 콘텐츠 중에서 무엇을 봐야 할지 걸러주는 필터 역할을 한다. 물론 필터의 정밀도는 일반 광고보다 높지만 양이 너무 많다는 게 문제다.

친구가 많지 않다면 이런 문제에서 자유롭긴 하겠지만 그들도 시간이 늘 부족한 건 매한가지다. 라인의 이용률이나 연결성을 고려했을 때 '연결되어 있는 친구가 너무 많아 볼 영상이 넘쳐나는 문제'로 고민하는 젊은이들이 더 많은 것 또한 틀림없다.

◀◀

대화에도 준비가 필요하다

▶▶

필자가 I 씨(여성, 대학교 3학년)를 인터뷰했을 때의 대화를 잠깐 소개하겠다.

> **필자:** 그렇게까지 해서 이슈를 따라가고 싶나요?
> **I 씨:** 네? 안 그러면 곤란하지 않나요?

필자: 무엇이 곤란한가요?

Ⅰ 씨: 인간관계 말이에요. 나만 이야기에 못 끼는 것 같은.

필자: 실제로 만났을 때 이야기인가요?

Ⅰ 씨: 네. 예전에 친구가 NiziU(니쥬)로 누구누구가 뽑혔다고 이야기를 했는데 저는 NiziU를 몰라서 "그게 뭐야? 요즘 유행하는 거야?"라고 물었어요.

필자: "아, 그런 그룹이 있구나. 나 좀 알려줘"라고 하면 안 되나요? 아니면 "나는 못 봤는데 너는 봤구나" 정도로 끝낼 수는 없나요?

Ⅰ 씨: 그 자리에서 제가 할 말이 없어지잖아요! 나는 뭘 해야 하지 싶은 그런 상황이죠(웃음).

필자: 자기가 아는 이야기를 던지면 어때요? 이야기가 적당히 마무리되는 시점에서 "어제 그 경기 봤어?" 하고 물어보는 거죠.

Ⅰ 씨: 음, 이야기를 나누다가 갑자기 화제를 바꾸기는 쉽지 않아요.

예능 프로그램에서는 출연자들이 이런 대화를 나누기도 했다.

A: 예능인으로서 한 가지만 깊게 아는 건 손해고, 넓고 얕게 알아야 해. 나는 사실 제대로 아는 게 없어.

B : 공감해.

A : 잘 모르면서 적당히 아는 척하는 거지, 스튜디오에서는.

B : 맞아. 예능식으로 공격하고 웃기려면 내용을 모르고는 안 되겠지.

B의 마지막 말에 주목해보자. '예능식 공격'이란 주로 희극적 요소를 가미해 상대방의 말에 반격하는 것이다. 이는 대화에 참여하고 싶다는 의사 표시이기도 하다. 다만 적절하고 예리한 예능식 공격이 되려면 화제에 대해 어느 정도는 알고 있어야 한다. NiziU가 뭔지 모르면 그것에 대해 신나게 이야기하는 친구들 틈에 끼지 못한다.

이렇듯 영상 시청이 대화를 위한 도구로 사용될 때, 관심이 없으니 안 본다거나 중간까지 보다가 그만두는 선택지는 없다. 회사원에 빗대면 사전에 배포된 회의 자료를 살펴보지 않고서는 회의에 적극적으로 참여할 수 없는 것과 마찬가지다. 그랬다간 '일 못 하는 놈' 취급을 당하거나 사내에서 입지가 좁아질지도 모른다. 이런 불상사를 피하려면 어떻게든 자료를 읽어두어야 한다. 빨리 감기든 요약 사이트에서 줄거리만 대충 읽든 수단은 상관없다. 미리 정보를 수집해두지 않으면 승부처에 올라보지도 못한다.

제1장에서 빨리 감기에 적극적인 이들은 '보고 싶은 작품'과 '알고 싶은 작품'을 명확히 구분한다는 사실을 이야기했다. 정보 수집의 대상은 말할 것도 없이 '알고 싶은' 작품이다.

"유행하는 애니메이션은 건너뛰면서 보거나 청소하는 동안 틀어두기도 해요. 대충만 알아도 이야기할 수 있는 상대가 확연히 늘어나니까 가성비가 좋죠(웃음)."(대학교 4학년)

다만 높은 가성비를 누릴 수 있는 건 그 콘텐츠가 화제에 오르는 동안만이다. 야구나 축구 시합에 비유하면 시합 결과에 대해 이야기하는 건 기껏해야 다음 날까지다. 전설적인 명경기라면 몰라도 다음 날, 다음 해까지 그 이야기를 한다고 주위에 사람이 모이지는 않는다.

"역시 타이밍이 중요하죠. 인기 있는 작품은 인기가 있을 때 봐둬야 정보도 더 많이 얻고 단순히 그 콘텐츠를 즐기는 것 이상의 특전이 생긴다고나 할까요. SNS에 감상을 올리면 그 작품을 본 사람들이 바로 댓글을 다니까 거기서 또 이야기가 이어지고 '이 작품도 재미있어' 하면서 추천 댓글도 오고 그래요."(유메메 씨)

작품이 유행할 때 봐두어야 비용 대비 효과가 크다. 가성비가 좋다는 말이다. 영화가 개봉하면 티켓 사진이나 영화관

포스터 앞에서 사진을 찍어 SNS에 올리는 사람이 많다. 이렇게 빨리 가서 봤다고 어필할 수 있기 때문이다. 그런 게시물을 본 다른 사람들도 '이때를 놓치면 안 돼'라는 마음이 든다. 그리고 이런 흐름에 올라타기 위해 빨리 감기를 활용한다.

◀◀

빨리 감기는 살아남기 위한 전략이다

▶▶

인기 있는 작품을 커뮤니케이션 도구로 사용하는 경향은 어제오늘 일이 아니다. 수십 년 전부터 '보지 않으면 학교나 직장에서 이야기에 못 끼는' 작품들이 있었다. 다만 그때는 친구들과 만날 수 있는 곳이 교실뿐이었다. 교실을 나가면 대화를 피해 자신만의 길을 갈 수 있었다. 하지만 지금은 메신저가 어디까지고 따라온다. 도망갈 곳 없이 항상 어떤 반응을 요구받는다.

　과거 이야기를 더 해보면 "예전부터 비디오나 DVD로도 빨리 감기를 할 수 있었다. 요즘 시작된 것이 아니다"라는 반론이 있다. 하지만 1990년대나 2000년대에 배속 시청을 하던 건 소위 마니아 기질의 사람들뿐이었다. 특수한 시청 스타일이었던 셈이다. 아오야마 가쿠인대학처럼 '대학생의 90퍼센트 정도가 빨리 감기 경험자'인 상황과는 달랐다.

　모리나가 씨에 따르면 예전과 지금은 빨리 감기의 성질

이 다르다고 한다. 새로운 '목적'이 생겼다.

"옛날 사람들이 빨리 감기를 한 건 자신을 위해서였죠. 콘텐츠를 정말 좋아하는 사람이 한정된 시간 안에 많은 작품을 보고 만족하려고요. 그런데 요즘은 무리에 속해야 안심이 되니까 빨리 감기를 합니다. 생존 전략인 거죠."(모리나가 씨)

노래방에서 진심으로 부르고 싶은 곡이 아니라 분위기를 띄울 수 있는 인기곡을 선곡하는 것도 마찬가지다. 그런 의미에서도 그들은 작품의 감상자가 아니다. 인간관계를 유지하기 위해 콘텐츠를 활용하는 기술이 탁월한 소비자다.

◀◀

개성이 있다, 고로 존재한다

▶▶

콘텐츠 트렌드에 관한 이야기에서 반드시 언급해야 할 주제가 바로 '들어가며'에서도 말한 '오타쿠'(おたく, 한 분야에 열중하는 사람을 이르는 말—편집자) 문화이다. 적지 않은 젊은이들이 무언가에 대해 상세히 알고 싶어 하면서도 방대한 시간을 들여 수백 편, 수천 편의 작품을 보거나 읽는 것은 꺼린다.

오타쿠는 일반적인 사회생활을 포기하면서까지 무언가에 시간과 애정을 쏟는 존재라는 인식이 있고, 사회가 오타쿠를 좋지 않게 보던 시대를 아는 장년층에게 이토록 놀라운 보고는 없을 것이다.

우선 '젊은이들이 왜 덕질(오타쿠를 오덕후라고 부른 데서 파생된 말로 어떤 분야를 열성적으로 좋아하여 그와 관련된 것들을 모으거나 파고드는 일—편집자)에 열광하는가'에 대해 생각해보자. 여기에는 그들이 받아온 '개성적이어야 한다'라는 세상의 압력이 존재한다. 유명 그룹 SMAP의 노래 '세상에 하나뿐인 꽃'의 가사에 등장하는 '넘버원보다 온리원'이라는 말이 시대의 특징을 잘 보여준다. 이 곡은 개성을 소중히 여기라는 말을 들으면서 자란 밀레니얼 세대를 타깃으로 발표되어 그 시대의 가치관과 분위기를 과하거나 부족함 없이 그려냈고 계속해서 불리는 명곡으로 가요사에 이름을 남겼다.

하지만 그런 가치관이 그들을 속박하기도 한다.

"젊은 세대는 평범한 대학에 입학하고, 또 평범한 회사에 들어가는 인생으로는 부족하다고 느껴요. 개성적이어야 한다는 가치관이 많은 젊은이에게 압박을 준 거죠."(모리나가 씨)

본래 개성의 존중은 경쟁 사회나 학력주의를 대체하고자 나타난 가치관이었다. 그런데 '개성적이어야 한다'는 외압이 오히려 그들을 괴롭힌다니 아이러니가 아닐 수 없다.

그들에게 개성은 특징이라기보다 통달해야 할 기술이자 전제조건이다. 컴퓨터를 조작할 수 있다는 것만으로 선민 취급을 받던 건 몇십 년 전의 이야기다. 지금은 컴퓨터를 사용하지 못하면 아예 취직을 할 수 없다.

◀◀

개성적인, 너무나 개성적인

▶▶

실제로 많은 대학생이 취직을 하려면 남들과 다른 데가 있어야 한다고 느낀다. 당당하게 이력서에 쓰일 '무기'를 원한다. "그냥 그 사람인 것만으로도 훌륭한 개성인데 무리해서 개성을 만들려고 초조해하는 겁니다."(모리나가 씨)

게다가 그 개성이란 특정 교과에 뛰어나다거나 다소 영어 실력이 좋은 정도로는 부족하다. 10~20년 전까지만 해도 취미란에 자주 등장한 '영화 감상', '독서', '음악 감상', '운동' 등은 이제 낄 수도 없다.

"면접은 물론이고 입사지원서에도 남들과는 다른 나를 보여줘야 하잖아요. 도대체 나다움이란 뭘까? 나밖에 못 하는 건 뭐지? 정말 열심히 생각했어요."(I 씨)

I 씨는 지원서에 어릴 때부터 배운 발레를 적어왔다. 다만 새로운 사람과 만나서 자기소개를 할 때면 발레보다 더 특별한 개성이 있었으면 했다. 발레면 충분히 희소가치가 있는 개성이 아닌가? 모두가 발레를 배우는 것도 아니고, 또 배울 수 있는 것도 아니니까.

그런데도 안 된단다.

"발레를 배웠다고 해봐야 이야깃거리가 없어요."

요컨대 그것에 대해 아는 사람, 익숙한 사람이 적은 개성

은 개성으로서의 가성비가 좋지 않다는 말이다. 발레에 대해 잘 아는 사람이 적은 탓에 화제로 발전하기 어렵다.

"아이돌 그룹 누구를 좋아한다거나 영화, 일반적인 엔터테인먼트가 화제로 삼기에는 훨씬 낫지요."

너무 개성적인 개성은 개성으로서 기능하지 못한다.

◀◀

남들과 다르고 싶은 Z세대의 뿌리 깊은 욕구

▶▶

여기에서 주목해야 할 것이 바로 'Z세대'다. Z세대의 정의에 대해서는 여러 설이 있지만 대략 1990년대 후반부터 2000년대에 출생하여 2022년에 10대 후반에서 20대 중반 정도인 이들을 가리킨다. 제1장에서 설문 조사를 한 대학생들과 유메메 씨도 Z세대다.

Z세대는 1960~1970년 출생한 X세대, 1980~1990년 출생한 밀레니얼 세대를 잇는 세대다. Y세대가 '디지털 네이티브', 즉 사회인이 되기 전부터 인터넷과 PC에 익숙한 환경에서 자란 세대인 데 반해 Z세대는 '소셜 네이티브'로 불린다.

소셜이란 소셜 네트워킹 서비스(SNS)를 말한다. 10대 초반부터 스마트폰으로 조작하는 메신저나 인스타그램, 트위터에 친숙한 세대다. 특히, 아래 특징들이 Z세대의 특성을 잘 보여준다.

❶ SNS를 잘 활용한다.

❷ 돈을 많이 쓰는 데는 소극적이다.

❸ 물질 소비보다 경험 소비를 중시한다.

❹ 학교나 회사와의 관계보다 친구 등 개인 간의 관계를 중시한다.

❺ 기업이 계획한 트렌드나 브랜드보다 '자신이 좋아하는', '친구들이 추천하는' 것을 우선한다.

❻ 안정, 현상 유지를 지향하며 출세욕이 적다.

❼ 사회공헌을 지향한다.

❽ 다양성을 인정하고 개성을 존중한다.

이를 통해 왜 빨리 감기 기능이나 10초 건너뛰기 기능이 자주 사용되는지 유추해볼 수 있다. ①, ④, ⑤에서는 메신저에서의 공감 강제력이, ②, ③에서는 DVD나 CD를 비롯한 패키지 콘텐츠를 소유하기보다 구독으로 해결하려는 기질이 연상된다.

마케팅 애널리스트 하라다 요헤이 씨는 밀레니얼 세대와 Z세대의 차이에 대해 밀레니얼 세대는 'SNS에서 비난받고 싶지 않다는 '동조압력'과 '방어의식'이 강했던 반면, Z세대는 주위로부터 나쁘게 보지 않는 범위 내에서 SNS상에 자신을 어필하려는 '동조지향'과 '표현의식'이 강하다'라고 분석했다.

Z세대도 밀레니얼 세대와 마찬가지로 분위기를 깨지 않

으려는 의식을 가지고 있으나 여기에 표현 욕구가 더해진다. 그렇게 된 배경으로는 1994년생 인플루언서인 유코스의 발언을 참고할 만하다.

"우리 세대가 사용하던 페이스북은 '사람들과의 연결'을 중시하는 미디어였어요. 하지만 사람들과 지나치게 연결되어 'SNS 피로'를 느끼는 사용자가 속출했지요. 그 반동으로 Z세대는 연결보다도 '표현' 중심인 트위터나 인스타그램을 많이 이용하게 된 거예요."

친구들이 나누는 이야기를 그저 듣고만 있어서도 안 되고, 방관자로 일관해서도 안 된다. 메시지를 읽고도 반응을 보이지 않는 소위 '씹는' 행위는 용납되지 않는다. 적극적으로 참여하고 센스 있는 한 마디로 분위기를 고조시켜야 한다. 지나치게 튀지는 않는 개성을 적극적으로 드러내야 한다.

◀◀

다수에 속하지 못한다는 불안

▶▶

1980년대나 1990년대에는 개성이 있어야 한다는 압박이 지금만큼 크지 않았다. 오히려 '다수에 속함으로써' 마음의 평안을 얻는 젊은이들이 많았다. 주류 집단에 속해 있거나 다수와 비슷한 기호를 가지면 크게 틀릴 일이 없다. 모두가 투표하는 정당에 투표하고, 유명한 간식을 먹고, 모두가 보는 드라마를 보는 식이다. 다들 좋다고 하는 것이니 실패할 확률이 적다. 실패하더라도 모두 같이 창피를 당하니 그리 부끄럽지도 않다. 모두가 같이 불평을 말하면 그만이다.

그런데 지금은 문화적으로 주류가 사라졌다. 가치관의 다양성을 추구하다 보니 취미나 취향이 완전히 나누어져 '압도적인 다수가 좋아하는 것'이 확연하게 줄어들었다.

"옛날에는 자신이 개성 없고 평범하더라도 '반의 대부분 여자애들이 좋아하고, 대부분 남자애들이 좋아하는' 무언가가 있었기 때문에 그것만 잘 알면 안심할 수 있었어요. 1980년대 후반에서 1990년대 초반의 여자아이들은 히카루 겐지, 아무로 나미에, 하마자키 아유미 등의 연예인을 좋아했죠."(모리나가 씨)

그때 남자애들이 좋아한 건 《근육맨》, 《드래곤볼》, 《슬램덩크》 정도다. 과거에는 '보통' 아이들이라면 으레 좋아하는 것이 있었다. 하지만 지금은 그런 것이 드물다. 취미와 취향이 다양해지고 세분화되고 있다.

"'보통'을 잃어버렸죠. 결과적으로 개성이 없으면 어디에도 속하지 못해 매우 불안합니다. 그런 불안 때문에 무리해서라도 취미를 가지고 좋아하는 일을 찾으려고 애써요."(모리나가 씨)

본래 취미는 자연스럽게 생겨나는 것이지만 그들은 느긋하게 기다리지 못한다. 인터넷, 특히 SNS에서 또래의 인플루언서들이 보여주는 반짝거리는 개성이 눈에 자꾸 들어오기 때문이다.

인기 있는 블로거, 일러스트에 '좋아요'가 끊이지 않는 작가, 박식함을 내세운 유튜버, 반짝이는 교우 관계를 자랑하는 학생 기업가 등 '개성 있는' 사람들과 '개성 없는' 자신을 비교하면 조급함을 느끼지 않을 자가 누가 있겠는가? 밀레니얼 세대나 그 위 세대가 '라이벌'로 삼은 것은 교실이나 직장에서 만나는 사람들뿐이었다. 하지만 Z세대에게는 SNS에서 유명한 또래들이 모두 라이벌이 된다.

"지금 대학생들은 전혀 모르는 사람도 라이벌이 된다고 말합니다. 제가 대학생이던 5년 전에도 SNS를 사용했지만 저와 전혀 접점이 없는 사람까지 라이벌로 생각하는 의식은 별로 없었어요."(유메메 씨)

> 자기소개서에 적을 요소가 필요해요.
>
> 몰입할 수 있는 취미는 어떻게 찾아야 할까요?
>
> 어떻게 하면 좋아하는 일을 찾을 수 있죠?
>
> 하고 싶은 게 뭔지 모르겠어요. 어떻게 하죠?

온라인에서 자주 접할 수 있는 질문이다. 친절한 인플루언서나 온라인 커뮤니티 운영자들이 이런 상담에 답을 내놓는다. 소속되는 것만으로 안심하던 다수파가 사라진 상황에서 그들은 자신의 자리를 찾고 있다. 속하기만 해도 즐거운 곳 말이다. "그게 오타쿠의 속성입니다. 오타쿠는 멀리서 보면 굉장히 즐거워 보이잖아요."(모리나가 씨)

이것이 바로 오타쿠 문화, 특히 아이돌이나 애니메이션 캐릭터 혹은 크리에이터 활동을 하는 오타쿠들이 유명해지는 이유다.

"한 분야를 계속 파면서 자신도 '개성'을 갖게 된다고 생각하는 거예요."(모리나가 씨)

불안을 해소하고 개성도 손에 넣으니 일석이조다. 다만 목적과 과정이 뒤바뀐 것은 아닌가? 옛날 오타쿠는 특정 주제에서 시작해 다른 장르로 관심사를 확대하며 그것을 깊이 이해하는 과정을 즐겼다. SF작품을 계기로 물리학에 관심을 두거나 판타지 작품을 이해하고 싶은 마음이 종교나 신화에 관한 공부로 이어졌다. 그렇게 충실한 오타쿠 생활을 만끽했다.

하지만 최근에는 깊이 알고 싶은 마음보다는 안식처를 얻고 싶은 마음이 앞선다. 정확히 말하면 '안식처가 될 무언가를 필요'로 한다. 그것이 자신을 개성 있는 사람으로 만들어주어 실리적인 효과를 얻을 수 있기 때문이다.

"더 정확히 말하면 자기소개서에 적을 만한 요소가 필요한 거죠."(모리나가 씨)

이력서를 그럴듯하게 내보이기 위해 봉사활동에 참가하거나 동아리 활동을 하는 것과 마찬가지다.

요즘 젊은이들은 '좋아하는 것이나 빠져들 만한 것이 없는' 상태를 1초라도 빨리 벗어나고 싶어 한다. "고등학교 2학년 정도까지 부모님이나 학교로부터 하고 싶은 일이나 흥미 있는 일에 집중하라는 말만 들어왔기 때문입니다. 옛날 젊은이들은 여자친구나 남자친구가 없는 것에 압박을 느꼈지만 요즘 젊은이들은 몰입할 흥밋거리나 관심사가 없는 것, 즉 '최애(가장 좋아하는 것)가 없는' 데서 압박을 느껴요."(모리나가 씨)

어쩌면 "좋아하는 사람은 없지만 빨리 결혼하고 싶다"라는 말과 비슷한 현상인지도 모르겠다. 혹은 "지금 하고 싶은 건 없지만 뭔가 하고 싶기는 하다. 그래서 이 커뮤니티에 들어왔다"일지도 모르겠다.

◀◀

'덕질' 하나쯤은 필수

▶▶

'최애'라는 말은 실로 잘 만들어졌다.

"저는 한국 아이돌을 좋아하는데 오타쿠라고 할 정도는 아니에요. 저보다 한국 아이돌을 더 잘 아는 사람이 많거든요. 그래도 제 최애 그룹이 ○○라고는 당당하게 말할 수 있어요."(유메메 씨)

'오타쿠'라는 말에는 전문성이라는 높은 장벽이 존재하지만 '최애'라는 건 단순히 최고로 애정한다는 뜻이다. '일시적인 팬'이라도 안심하고 사용할 수 있다.

'오타쿠'라는 호칭이 일반적으로 보급된 것은 1980년대 후반이다. 그 후 20여 년 동안은 부정적인 이미지로 많이 사용되었다. '내향적이고 사회성이 떨어지며 이성 교제 경험이 적고 패션에 둔감한 자' 등의 이미지였다. 오타쿠에 대한 편견과 박해는 일본 애니메이션, 게임, 만화 문화가 국제적으로 주목을 받던 1990년대 전반에 걸쳐 지속되었다. 2000년에 들어 오타쿠 문화가 미디어에 종종 등장하면서 세상은 더욱더 기묘한 눈으로 오타쿠들을 바라보게 되었다.

하지만 2010년대 초반 무렵부터 젊은 세대를 중심으로 조금씩 분위기가 달라지기 시작했다. 평범한 고등학생과 대학생 중 일부가 '애니메이션을 보는 것이 취미' 정도의 의미로 "나는 애니메이션 오타쿠"라고 말하기 시작했다. 과거 자신에 대해 '오타쿠'라고 칭하는 행위는 자기비하에 가까웠다. 오타쿠라는 고백은 "나는 사회 부적응자"라고 소개를 하는 꼴이나 다름없었다.

물론 2010년대 초반에도 '어둡고, 무섭고, 기분 나쁘고, 찜찜한' 존재로서의 '찐(진짜)오타쿠'를 기피하는 경향은 뿌리 깊이 남아 있었다. 한편으로 '오타쿠'의 의미가 가벼워지고 'OO를 좋아한다'는 정도의 가벼운 의미로 "OO오타쿠"라는 말이 널리 쓰이게 된 것도 사실이다.

이후 젊은이들은 '오타쿠'라는 속성에 큰 알레르기 반응을 보이지 않고 그것을 하나의 특성으로 받아들이게 되었다. 이와 동시에 기존에는 애니메이션, 만화, 게임, 아이돌 등에 국한되어 있던 오타쿠 장르가 '디즈니 오타쿠', 'K-POP 오타쿠' 등의 영역으로 확대되기 시작했다.

◀◀

지금은 '덕후'의 시대

▶▶

'오타쿠의 캐주얼화'에 대한 비판이나 반발도 있었다. 앞서 말한 '짝퉁' 문제다. 좋아하는 것에 대해 잘 알지도 못하고 팬으로 지낸 기간도 얼마 되지 않았으면서 '오타쿠'라고 말하는 데 대한 조소가 늘 따라다녔다.

　짝퉁 오타쿠에 대한 비판이 가장 심한 공간이 SNS다. 면식도 없는 프로들이 미지근한 감상이나 얕은 지식에 대해 가차 없이 팩트 폭격을 가하며 수정을 요구했다. 소위 말하는 '인터넷 경찰'인 셈이다. 특히 트위터에서는 '오랜 시간을 들인 찐(진짜) 오타쿠가 짝퉁을 철저히 무시하는' 일이 자주 일어났다. 그 결과 어떻게 되었을까?

　10대부터 SNS의 쓴맛과 단맛을 모두 봐온 Z세대가 전쟁터 같은 트위터에 일종의 두려움과 불편함을 느끼게 되었다. 범접할 수 없는 비판이 공개적으로 오가는 오타쿠 문화에 발조차 들이지 않는 것이 상책이라고 여기게 된 것이다.

'조금 좋아하는' 정도로는 "OO오타쿠"라는 말을 쓸 수 없다. "Z세대 사이에서는 오타쿠라고 말할 수 있는 장벽이 점점 높아지고 있어요. 살짝 관심이 있는 정도로는 오타쿠라고 할 수 없죠."(유메메 씨)

그런 위축된 마음을 잘 파고든 것이 바로 '잘 알지는 못하지만 좋아한다'는 뜻인 '최애'라는 말이다.

◀◀

자신보다 나은 사람을 금세 발견하게 되는 지옥

▶▶

"건너뛴 10초에 복선이 될 중요한 장면이 있다면?"이라는 의견에 유메메 씨는 "어차피 스스로 알아차리기도 힘든데 그런 건 프로에게 맡기면 되죠"라고 대답한다.

단순히 자신을 낮게 평가하는 것과는 다르다. 어차피 자신은 특정 장면에 담긴 깊은 의도나 대사에 숨은 은유를 알아낼 수 없다는 체념이라고 봐야 할까?

"오타쿠가 워낙 많아서 제가 아는 건 아무것도 아니에요. 지금부터 열심히 영화나 애니메이션을 본다고 해도 그 애들이 어릴 때부터 키워온 수준에는 절대로 못 미치죠. SNS에서 나보다 뛰어난 사람을 금세 발견하니까 이길 수 없다고 생각되면 금방 포기합니다. 그럴 바에야 애초에 다른 길로 가는 편이 낫기도 하죠. 내가 좋아하는 걸 좋아한다고 말하기 힘들

어졌다고들 해요. 저도 무척 공감하는 부분이고요."(유메메 씨)

취미든 개성이든 프로를 쫓아갈 필요는 없다. 그렇게 생각하면 어떤 취미나 학문도 시작하기 전 중압감을 이기지 못하리라. 그런데 Z세대들은 실제로 이런 중압감에 짓눌리고 있다. 새하얀 캔버스를 눈앞에 두고 붓과 그림 도구를 준비하자마자 친구들이 차례차례 완성한 그림을 제출하고 나간다. 게다가 작품도 아주 뛰어나다. 그런 상황에서 붓을 들고 그림을 그리려면 상당히 강한 정신력이 필요하다. 뛰어넘을 수 없는 상대를 매순간 직시하게 되는 지옥. 단순히 취미로 그림을 즐기기가 어려워진다.

SNS는 한 분야의 최강자를 '바로 곁에 있는 존재'로 직면하게 만들었다. 자신과의 압도적인 실력 차이를 매분, 매초마다 스마트폰 너머로 확인하게 되는 셈이다. 게다가 손가락만 까딱하면 모르는 사람에게도 말을 걸 수 있다. 얕은 감상은 언제 어디서 비웃음을 당할지도 모른다.

'정답'이 아니면 두드려 맞는 세상

▶▶

SNS에서 누구나 동의하는 '정답'만 말해야 하는 상황이 반복되면 작품을 자기 나름대로 해석하기가 꺼려진다. "이나다 씨가 쓰신 기사에 대한 반향으로 '빨리 감기로 보는 것이 창작자에게 실례'라거나 '문맥을 제대로 감상하지 않으면 안 된다'라는 이야기들이 많지만 그렇다고 제가 문맥을 읽어내는 건 자신이 없어요."(유메메 씨)

앞서 느낀 기묘한 겸손함이 또다시 얼굴을 든다. '읽어낸다'라고 하지만 사실 그렇게 대단한 일도 아니다. 그저 만들어진 대로 즐기고, 감상하면 그걸로 충분하다. 하지만 유메메 씨는 이렇게 말한다.

"예를 들어 《카메라를 멈추지 마!》만 해도 평가를 할 수가 없다고나 할까⋯⋯."

《카메라를 멈추지 마!》(2018)는 당시 무명 배우를 기용한 초저예산 영화인데도 흥행수입 30억 엔을 넘으며 커다란 화제를 불러온 작품이다. 어디까지나 주관적이지만 결코 난해한 영화는 아니다. 그저 작품의 흐름을 따라가면서 기발한 아이디어와 장치에 놀라고 카타르시스와 감동을 느끼면 될 뿐, 관객을 가리지는 않는다.

유메메 씨는 명문 사립대학을 졸업한 후 마케터로 일하고 있다. 논리력, 사고력, 언어 능력 면에서 평균 이상의 실력을 갖춘 인물이다. 상업영화를 이해하지 못할 정도의 수준은 아니라는 말이다. 그런 그녀의 입에서 나온 "평가하지 못할 것"이라는 말. 그 이면에는 "내 해석이 틀렸을지도 모른다"라는 불안이 자리하고 있다.

여기서 '만든 이의 의도'에 대해 다시 한번 정리해두자.

만든 이(발신자)는 작품에 메시지를 담는다. 제1장에 나온 고바야시 씨의 이야기를 빌리자면 각본가에게는 각본을 통해 전달하려는 의도가 있다. 그런가 하면, 제2장에서 마키 씨가 "보는 이에게는 작품을 오독할 자유가 있다"라고 말했듯이 수용하는 자에게는 해석의 자유가 있다. 그러니 틀렸을지도 모른다는 두려움은 필요하지 않다.

그런데도 유메메 씨나 다른 Z세대처럼 인터넷을 많이 사용할수록 '틀리는 것'을 극단적으로 두려워한다. 알지 못하는 누군가로부터 엄격하게 비판받거나 비웃음을 사는 참상을 지겹도록 봐왔기 때문이다. 이 때문에 감상도 하기 전에 리뷰 사이트를 읽고 범인을 알아둔다. '정답'을 알고 싶어서. "그들은 빠른 정답만 원한다"라고 젊은이들을 비판하기는 쉽지만 문제의 본질은 그게 아니다. 누구든 상처받기를 꺼린다. 창피당하고 싶은 사람은 없다.

◀◀

"제너럴리스트의 시대는 이제 끝났어요"

▶▶

개성에 대한 이야기로 돌아가보자. 요즘에는 제너럴리스트 generalist 보다 스페셜리스트 specialist 를 지향하는 경향이 강해지고 있다. 얇고 넓은 지식을 가진 양산형 인재가 아니라 한 가지 재주가 뛰어나 대체할 수 없는 인재를 원한다. 유메메 씨도 "제너럴리스트의 시대는 이제 끝났다고들 해요. 지금은 스페셜리스트의 시대이고 자신의 가치를 얼마나 높이느냐로 승부가 결정돼요"라고 했다.

개성을 추구하는 마음도 '희소가치'를 중시하는 마음과 동일하다. 왜 스페셜리스트를 지향할까? 참고 견디다 보면 좋은 날이 온다는 직업관이 빠르게 설득력을 잃어가고 있기 때문이다. 예로부터 많은 회사에서 이렇게 말했다. "원하지 않는 업무라도 참고 다방면으로 기술을 익혀라. 그런 인재야말로 넓은 시야로 세상을 볼 수 있다." 하지만 이 말이 성립하려면 먼저 그 회사가 몇 년, 몇십 년간 변함 없이 탄탄해야 한다. 하지만 오늘날 어떤 기업이 5년 후에도 지금과 같은 사업 규모와 업종을 유지할지는 아무도 모른다. 바로 어제까지만 해도 별일 없던 업계가 천재지변으로 하루아침에 나락으로 떨어지기도 한다. 기술의 진보와 어지러울 만큼 빠르게 변화하는 트렌드로 빈번한 게임 체인지가 일어난다.

한 치 앞을 알 수 없는 불확실성으로 가득한 세상이기에 힘든 일이라도 참고 견디라고 말할 수가 없다. Z세대가 자라온 시대를 보면 충분히 설득력이 있는 이야기다.

2008년 주식 대폭락, 2011년에 일어난 동일본 대지진, 2020년부터 계속되고 있는 코로나. 그때마다 호조세였던 업계가 갑자기 쓰러지면서 일상에 큰 영향을 주었다. 가구 수입이 줄어들어 학비를 내지 못하고 대학을 그만두는 친구들,

아르바이트로 생계를 유지하는 친구들도 있었다. 말도 안 되는 입사 취소에 눈물을 쏟고, 부모님의 처진 어깨를 보며 가슴 아파해야만 했다. 세상은 갑자기 변한다. 내일 일어날 일은 아무도 알 수 없다. 자신의 커리어가 언제 어떻게 위협받을지 모른다. 비즈니스에서 살아남기 위해 필요한 기술이 내년부터는 완전히 바뀔지도 모른다. 그러니 지금 이 순간 자신만의 특별한 개성으로 눈에 띄어야 한다. 그래야 사회에서 선택받을 수 있다.

◀◀

시간 가성비 지상주의

▶▶

Z세대는 기댈 곳이 필요하다. 개성 있는 존재가 되려면 더 많은 작품을 봐야만 한다. 그들은 이 과정을 '가성비 좋게 해결'하길 원한다. 그래서 "봐야만 하는(읽어야 하는) 중요한 작품을 적어달라"고 한다.

그들은 재미없는 작품 때문에 시간 낭비하는 일을 피하고 싶어 한다. 수많은 졸작을 거친 끝에 자신만의 걸작을 만나는 희열을 알지 못한다. 가급적 힘을 덜 들이고 돌아가는 길을 피하고 싶어 한다. 이것이 빨리 감기로 영상을 시청하는 동기와 뿌리를 같이 하는 맥락이다.

빨리 감기의 가장 큰 효능은 효율이다. 2시간짜리 작품을

1시간 만에 볼 수 있으니 틀린 말은 아니다. 어떤 영화 리뷰 사이트에는 이런 코멘트도 있었다.

"건너뛰면서 보면 평점이 더 올라갈 텐데."

어차피 재미가 없다면 짧게 끝내는 것이 좋다. 손실을 최소화하는 것이 선이다.

◄◄

시간을 낭비하지 않으려면

►►

시간 가성비 지상주의 뒤에는 시간 낭비에 대한 두려움이 있다. 스포일러 사이트의 줄거리를 먼저 읽는다는 사람에게 이유를 묻자 이런 답이 돌아왔다.

"볼 가치가 있는지 없는지를 먼저 판단한 후에 보고 싶어요. 시간을 낭비하고 싶지 않으니까."

"재미있어진다는 확신 없이 30분을 견디는 건 상당한 스트레스예요."

스포일러도 빨리 감기도 스트레스를 줄이기 위해서란다. 더욱이 A 씨의 경우, "폭력적인 장면을 싫어해서 먼저 본 친구에게 내용을 자세히 물어봐요. 본 친구가 없으면 '아주 빨리 감기'로 끝까지 보고, 괜찮을 것 같으면 '보통 빨리 감기'로 처음부터 다시 봐요"라고 한다.

믿을 수 있는 친구의 추천은 넘쳐나는 콘텐츠 중에서 작품을 골라주는 필터 역할을 한다. 즉 그 분야에 대해 잘 아는 사람이 추천한 것을 봄으로써 리스크를 줄인다.

"믿을 만한 친구가 추천하면 봐요. 확실히 재미있다는 작품만 영화관에서 보는 사람이 예전보다 훨씬 늘어났어요. 다들 모험을 안 해요. 그래서 되는 작품과 안 되는 작품의 양극화가 심하죠."

결과적으로 일부 작품에만 관객이 집중된다. 현재 일본에서는 연간 1,000편 내외의 영화가 개봉하나 흥행하는 영화는 몇 안된다. 앞서 말한 젊은이들의 말을 빌린다면 "주류에 속하지 못하는 불안"을 이때다 싶은 듯이 해소하는 것 같다.

◀◀

'기분'을 예측하고 싶다

▶▶

편의점에서 판매하는 이 디저트는 300엔을 지불할 만큼의 가치가 있는가?

이 책은 1,600엔이라는 가격에 걸맞는 내용인가?

이 서비스에 매달 2,980엔을 지불하면 지금 다니는 회사를 그만두고 독립할 수 있는 기술과 인맥을 쌓을 수 있는가?

상품이나 작품, 서비스가 자신에게 어떤 만족을 가져다주는지 미리 알고 싶은 마음은 세대를 불문하고 누구에게나 있다. 다만 Z세대는 이런 기질이 다른 세대에 비해 특출나게 강하다. 앞서 등장한 하라다 씨에 따르면 신상품에 이름을 붙이는 일도 그렇다. 과거에는 '기능을 잘 표현한 이름', '기업의 자세를 잘 표현한 이름', '누가 타깃인지 알기 쉬운 이름'이 성공했다.

하지만 최근에는 '이 상품을 사용하면 어떤 기분을 느낄지', '이 상품은 어떤 기분일 때 사용하는지' 알기 쉬운 이름이 주목을 받고 있다. 하라다 씨는 "정보 과다로 무엇을 사야 할지 고민인 시대에 직접적이고 감각적으로 상품을 선택할 수 있는 것이 이점"이라고 분석한다. 요컨대 '뚜껑을 열어봐야 아는 상품'은 환영받지 못한다.

대학생을 가르치는 각본가 고바야시 씨도 이 점을 상당히 의식하고 있다.

"코로나가 터지고 대학 수업에서 구글의 클래스룸이라는 서비스를 사용하게 되었어요. 이후로는 대면 수업을 할 때도 수업에서 어떤 이야기를 할지 사전에 업로드하고 있습니다. 수업 내용을 한 장으로 요약해 학생들이 사전에 볼 수 있도록 말이에요. 예고편 같은 거죠. 무엇을 할지 모르는 강의에는 학생들이 흥미를 갖지는 않거든요."

예고편은 아낌없이 보여주는 것이 필수

요즘 영화 예고편은 가장 멋진 장면을 아낌없이 보여주어 관객을 극장으로 이끈다. 예고편만으로 결말까지 예상할 수 있는 작품도 있다. TV나 유튜브의 버라이어티 프로그램도 마찬가지다. 하이라이트를 가장 먼저 예고편처럼 보여주는 프로그램이 늘어났다. 재미있는 부분을 나중에 보여주려는 전략은 이제 통하지 않는다.

음악도 마찬가지다. 스트리밍 서비스가 늘어나면서, 인트로부터 갑자기 후렴구가 흘러나오는 노래가 많아졌다. 사람들이 A멜로디 → B멜로디 → 후렴이라는 고전적인 '전개'를 미적지근하게 느끼기 때문이다. 사람들은 인트로만 듣고 그곡을 끝까지 들을지 말지 판단한다. 그들은 그 곡이 자신에게 가치가 있는지 없는지를 짧은 시간 안에 알고 싶어 한다.

앞서 등장한 I 씨는 영화나 드라마를 빨리 감기로 보지는 않지만 시간 가성비 지상주의에는 공감한다. 그녀는 유튜브로 뮤직비디오나 뷰티 영상을 하루에 20편도 넘게 본다.

"뮤직비디오는 첫 부분만 보고 재미가 없다 싶으면 후렴까지 건너뜁니다. 그리고 다음 곡을 듣죠. 한 곡에 3분, 4분뿐이라도 처음부터 끝까지 듣는 건 시간이 아깝거든요."

라이트 노벨 편집자인 X 씨는 이렇게 말한다.

"영상화된 작품을 보거나 읽은 후에 원작 소설을 사는 경우가 많죠. 글보다 그림이 눈에 더 잘 들어오니까 영상을 보고 나서 재미가 보장되는 소설만 사면 되거든요."

◀◀

Z세대의 스포일러 소비

▶▶

Z세대는 '스포일러 소비'라고 부를 만한 뿌리 깊은 습관을 가지고 있다. 2021년 6월에 실린 「Z세대에게 유행하는 스포일러 소비란? 실패하고 싶지 않은 젊은이들의 속내」라는 기사에는 "보고 싶은 영화 내용이나 콘서트 곡 리스트, 친구에게 줄 생일 선물 등 무엇이든 사전에 알려주는 것이 트렌드"라는 내용이 있었다. 그 이유는 '실패하고 싶지 않아서'다.

잔혹한 장면이 포함되어 있다는 사실을 사전에 알면 대비할 수 있다. 감동적인 장면이 있다는 걸 알면 휴지를 챙기는 등 만반의 준비를 하고 영화관에 갈 수 있다. 여대생 G 씨도 범인을 알고 보는 편이 더 재미있다고 했다. 마음의 준비를 할 수 있기 때문이다.

콘서트는 먼저 리스트를 알아두면 '지금 저 곡이 뭐지?'라는 의문 없이 들을 수 있다. 선물은 사전에 갖고 싶은 것을 상대에게 물어본다. 받기는 했는데 자신의 취향에 맞지 않아 쓰지 못하는 비극을 피할 수 있으니까. 그래서 한때 유행한 서프라이즈 생일파티는 이제 사절이다. 사진을 찍어서 올리려면 메이크업과 헤어스타일에 힘을 줘야 하고, 어느 레스토랑에서 파티를 할지에 따라 입을 옷도 달라진다. 미리 알리면 모두의 만족도가 상승한다.

"밀레니얼 세대가 '체험하지 못한 것'에 가치를 둔다면 Z세대는 '체험을 따라가는 것'에서 가치를 찾는다. 그들은 알 수 없는 앞날이나 예상하지 못한 일 '스트레스'로 받아들이는 경향이 강하다."

◀◀

실패하고 싶지 않은 마음

▶▶

모든 Z세대가 그렇다고 할 수는 없지만 '멀리 돌아가는 길'이나 '나쁜 가성비'를 두려워하는 이가 많다. 업무에서 효율성을 추구한다면 몰라도 취미는 마음 가는 대로 해도 될 법한데 왜 그토록 두려움을 느낄까? 모리나가 씨는 예전보다 그들을 둘러싼 환경이 친절해진 점을 지적했다.

"어른이 아이들의 기분과 마음을 지나치게 살핍니다. 요즘 아이들은 소중하게 자라 아픔에 약해요. 실패하거나 혼나거나 창피를 당하는 일에 놀랄 만큼 내성이 약합니다."

Z세대의 부모는 2022년 현재 40~50대가 많다. 이들의 육아 트렌드는 '엄격함'보다 '상냥함'이다. 자녀와 친구처럼 쇼

핑을 가거나 연애 이야기를 나누고 트렌드를 공유하는 부모가 많다. 더불어 학교에서도 아이들을 엄격하게 지도하지 않는다. 체벌은 차치하고 조금이라도 엄하게 말하면 부모들이 가만히 있지 않는다. 이런 경향은 신입사원들에게서도 두드러진다. 나이 많은 선배가 배려하는 뜻에서 "실패해도 괜찮으니 일단은 해보라"고 하는 말이 그들에게는 '괴롭힘'에 가깝게 느껴진다. 괜히 시도했다가 실패하고 부족한 점을 지적받으면 '그런 소리를 할 거면 처음부터 정답을 알려주지……'라고 느끼기 때문이다.

"그런 상사는 존경받지 못합니다. 뻔히 눈에 보이는 실패를 미리 알려주지 않는 불친절한 상사로 여기고 싫어하죠. '일단 해보지 않으면 알 수 없는 것들이 있다'라고 해도 와닿지 않아요. 모든 신입이 그런 건 아니겠지만 최근 들어 늘어난 경향입니다."(모리나가 씨)

무엇보다 그들은 실패 자체에 큰 상처를 입는다. 단순히 실패가 주위에 알려져 창피를 당하기 때문만은 아니다. "아무도 모를 법한 실수조차 싫어합니다. '시시한 작품을 골라 시간을 낭비하는 일'도 거기에 포함돼요."(모리나가 씨)

이런 경향은 '멀리 돌아가는 길'이나 '나쁜 시간 가성비'를 두려워하는 그들의 기질과 직결되어 있다.

실패를 용납하지 않는 진로 교육

'재미없는 작품을 만나 시간 낭비하는 일'을 실패로 여기는 가치관은 도대체 어떻게 형성되었을까? 크게 두 가지 배경을 생각해볼 수 있다.

첫 번째는 진로 교육이다. 1999년에 중앙교육심의회가 진로 교육을 제창한 이후 대부분의 중고등학교와 대학에서는 취업 대비 교육을 추진해왔다. 나름대로 의미 있는 일이지만 자칫 잘못하면 일하고 싶은 직업에 필요 없는 교과는 시간을 들여 배울 필요가 없다는 판단을 일찍 내릴 수도 있다. 배움에서도 가성비를 따지는 것이다. 대학에서는 "5년 후, 10년 후 로드맵을 그려보라"고 가르치고, 그에 따라 학생일 때부터 이미 치밀한 플랜을 짜둔다. 느긋하게 먼 길을 돌아갈 여유가 없다. '일단 취직한 후에 내 적성이나 정말로 하고 싶은 일을 찾자'는 생각이 허용되지 않는 세상이다.

"물론 어른들은 효율을 발휘할 때와 그러지 않아도 될 때를 이해하고 있지만 아이들에게는 그런 구별이 어려워요. 10대부터 특정 과목만 중시하는 교육이 이루어지면 모든 것을 효율의 측면에서 바라보게 되죠."(모리나가 씨)

릿쿄대학 대학원의 객원교수 우시쿠보 메구미 씨도 '시간 가성비가 최우선이 된 이유' 중 하나로 2000년대 무렵부터 학교와 직장에서 효율을 추구하기 시작한 풍조를 들었다. 2020년 7월 7일에는 1976년생 탐험가 가쿠하타 유스케의 트위터가 화제가 되었다. 젊은 기자와의 인터뷰에서 "가쿠하타 씨의 모험이 사회에 어떤 도움이 되나요?"라는 질문에 절규했다는 내용이었다. 그는 상대방이 20대의 지방 신문 기자였음을 밝히고 이렇게 말했다.

"정말 다들 그런 생각으로 사는지 되묻자 사회에 어떤 도움이 될지, 얼마나 생산성을 낼 수 있는지 생각해야 한다는 압박을 상당히 느낀다고 하더라고요."

기자의 나이로 보아 진로 교육에서 '자신의 공부나 기술, 행동이 사회에 어떻게 기여하고 있는지' 생각하며 자랐을 가능성이 크다. 꿈에서도 가성비를 찾는 것이 지금의 현실이다.

◀◀

늘 '옆 사람을 보는' 세대

▶▶

또 이들은 SNS로 또래와 자신을 쉽게 비교한다. SNS는 만난 적도 없는 또래의 성공을 계속 바라보게 만든다. 이는 상당한 스트레스다. '아직 아무것도 이루지 못한 자신'에게 조바심이 나기 때문이다.

"트위터나 인스타그램에서 친구들은 물론이고 비슷한 나이에 무언가를 성취했거나 주목받는 인물의 소식을 언제든 접할 수 있어요. 늘 '옆을 보고 있는' 거죠. 그러니 자신이 조금이라도 늦으면 또래들에게 뒤처졌다거나 실패했다고 여기기 쉽습니다."(모리나가 씨)

SNS를 안 하면 되지 않느냐고 할 수 있지만 SNS는 그들에게 가장 중요한 소통 도구다. Z세대의 인간관계는 대부분 SNS로 연결되어 있고 SNS는 구직 정보 수집에도 꼭 필요한 수단이다. 모리나가 씨는 한 대학 강의에서 받은 충격을 털어놓았다.

"쓸데없는 일을 많이 하는 것이 새로운 아이디어를 내는 데 도움이 된다는 지극히 당연한 이야기를 했어요. 그러자 학생들이 제출한 감상문에 '쓸데없는 일을 해도 되는군요! 힘이 되었습니다'라는 글들이 적혀 있었어요. 쓸데없는 일을 하지 말라는 압박을 얼마나 많이 받고 살아왔나 싶어서 놀랐어요."

◀◀

적게 일하고 많이 벌고 싶은 사회

▶▶

가성비를 중시하는 사람들은 적은 노력으로 최대 보상을 얻고자 한다. 오죽하면 "적게 일하고 많이 버세요"가 덕담처럼 쓰이는 사회다.

각본가인 사토 씨는 젊은이들에게 이런 느낌을 받는다고 했다. "스마트폰 게임에 비유하면 치트키를 써서 최고가 되는,

라이트 노벨에서 유행하는 방식 그 자체잖아요. 다른 세계로 흘러가보니 능력자였다는 식. 그러려면 건너뛰기도 빨리 감기도 그만둘 수 없다는 거죠."

'치트'는 앞에서도 설명했듯이 게임을 편하게 하기 위한 손쉬운 방법, 꼼수다. 실제로 시간 가성비를 중시하는 사람은 치트를 좋아한다. '이것만 해두면 부업으로 돈을 벌 수 있는' 정보, '이것만 읽어두면 되는' 자기계발서 리스트, 최소 노력으로 최대 보상을 얻을 수 있는 편한 방법. 물론 비즈니스에서 효율을 추구하는 것은 중요하다. 누구나 수입을 늘리고 출세하고 잘살기를 원한다. 근로 소득만으로는 현 상태를 벗어나지 못한다는 믿음이 팽배하니 치트에 희망을 거는 마음도 이해는 된다.

취미에서는 어떨까? 꼭 그 분야 전문가는 아니더라도 어떤 작품에 매료되면 감독과 각본가, 출연자의 과거작을 찾아보고 싶어진다. 작품의 감독과 이름이 비슷한 다른 감독의 작품에도 손을 뻗는다. 계속해서 파고드는 것이다. 하지만 시간 가성비를 중시하는 이들에게는 그런 욕구가 없다. 당연하다. 봐야 할 작품 리스트만 다 보면 목적은 달성하니 말이다.

"그들로서는 일차적 목표를 달성했으니 더 이상 파고들 필요가 없죠. '개성'을 얻었고 자기소개서에 적을 거리도 생겼으니까."(모리나가 씨)

자기계발서를 예로 들면 평소에 책을 읽지 않는 사람일

수록 '모든 본질을 한 권으로 정리한 책'을 무척 좋아한다. '이 것만 보면 되는 작품' 리스트를 원하는 시간 가성비를 중시하는 이들과 비슷하다. 이런 조바심이 현상으로 드러난 것이 빨리 감기 시청, 건너뛰기, 패스트무비 그리고 봐야 할 작품 리스트이다.

◀◀

어느 때보다 시간과 돈이 없는 요즘 대학생

▶▶

또 하나 생각해야 할 점이 있다. 요즘 대학생에게는 시간과 돈이 없다. 설문 조사에서는 이런 호소도 있었다.

"부모님이 대학생이던 때에 비해 출석에 무척 엄해졌어요. 그런데다 금전적인 문제로 아르바이트에 시간을 할애하는 친구들이 늘어났고, 인턴이나 봉사 등 구직 활동에 시간을 쓰는 친구도 적지 않아요. 그런 경우가 대다수예요. 예전보다 해야 할 것이 늘고, 작품을 음미할 여유 시간이 줄어든 것이 영화와 드라마를 빨리 감기로 보는 원인 중 하나라고 생각합니다."(대학교 4학년)

이를 뒷받침하는 한 가지 지표가 부모가 보내주는 집세의 변화다. 도쿄, 가나가와, 사이타마, 지바 소재의 9개 사립대학(단기대학 포함)에 입학한 신입생의 가계 부담 상황을 정리한 〈사립대학 신입생 가계부담조사〉(2021년 4월)에 따르면 2020년도의 '월평균 송금액에서 집세를 뺀 생활비'(표 6)는 1만 8,200엔으로 사상 최저였다. 참고로 사상 최고액은 1990년 7만 3,800엔이다. 30년 전인 1999년이라고 하면 마침 그들의 부모 세대가 대학생이던 시기다. 이 30년 동안에 대학생이 부모로부터 받는 생활비가 4분의 1 이하로 떨어졌다. 물가 상승과 소비세율 상승 등을 생각하면 실질적인 차이는 더 클 것이다. 버블 붕괴 후의 저성장, 말하자면 '잃어버린 30년'과 그에 기인하는 가계 수입의 정체, 빈곤 가정의 증가 등의 요인이 그 배경에 있음은 분명하다.

수도권에 사는 1인 가구가 월 2만 엔 정도로 식비, 수도광열비, 통신비, 피복비, 교제비, 오락비 등을 모두 충당하기란 하늘의 별 따기다. 당연히 취미에 돈을 쓸 수가 없다. 오늘날 대학생들에겐 한창 경제에 거품이 껴 있던 1990년의 대학생처럼 스키를 타러 다니거나 여행을 다닐 여유가 없다.

이런 상황에서 가장 합리적인 취미가 바로 영상 시청이다. 유튜브는 무료이고, 유료 서비스조차 매달 수백 엔에서 수천 엔으로 마음껏 사용할 수 있다. 다만 영상을 볼 시간이 없을 뿐이다. 설문 조사에 응한 한 여대생은 평일 오전 5시부터 9~10시쯤까지 아르바이트를 하고 대학 수업을 듣는다. 이후 8시에 귀가하여 식사를 한 후 씻고 곧장 취침하는 일상을 보냈다. 아침에 일찍 일어나야 하므로 회식은 가지 않는다. 학교 과제는 수업 중간에 해치운다. 그 틈새 시간을 이용해 애니메

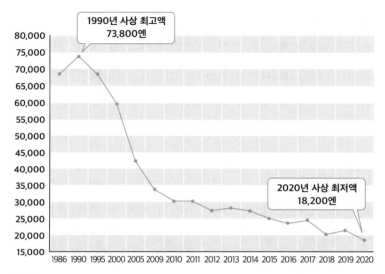

표6 대학 신입생 월평균 생활비(부모가 송금한 금액)에서 집세를 뺀 값

☞ 도쿄, 가나가와, 사이타마, 지바에 소재한 9개의 사립대학 대상.

〈2020년도 사립대학 신입생 가계부담조사〉를 기반으로 작성.

이션과 드라마를 본다. 어쨌든 무척 바쁘다.

친구들과 소통하기 위해, 단톡방에서의 단합을 유지하기 위해, 30년 전에 비하면 아마도 몇십 배, 몇백 배로 쏟아지는 콘텐츠를 차례로 체크해야만 한다. 빨리 감기를 하지 않으면 소화가 불가능하니 귀한 돈을 그냥 날려버리는 셈이 된다.

어쨌거나 그들은 여유가 없다. 시간적, 금전적으로도 그렇고 무엇보다 정신적으로 그러하다.

제4장

좋아하는 것을
무시당하고 싶지 않은 사람들

→ '상쾌해야' 찾는다

이번 장에서는 제2장과 제3장에서 고찰한 빨리 감기 시청의 외적 요인과 내적 요인을 '쾌락주의'라는 다른 관점에서 다시 고찰해보겠다.

빨리 감기에 익숙해진 사람들은 이렇게 말한다. "어떻게 보든 내 자유", "보는 방식을 강요하지 마라". 앞에서 언급한 텍스트론, "문장은 만든 이의 의도에 지배당하지 않고 문장 그 자체로 읽어야 한다"라는 주장과는 조금 다르다. 지극히 가벼운 느낌의 순수함, 빨리 감기를 하는 건 '나에게 더 기분 좋은 형태로 작품을 제공하지 않는 작가의 탓'이라는 생각조차 엿보인다.

좋아하는 작품만 보고 싫은 작품은 보지 않는다는 당연한 소비 행동의 연장선상에 "좋아하는 장면은 반복해서 보고 싫은 장면은 건너뛴다"가 있다. 한 대학생은 이런 현상이 특별히 놀랄 일은 아니라며 말했다. "지금까지는 작품 단위로 좋고 싫음을 판단했지만 요즘은 장면 단위, 감정 단위로 좋고 싫음을 따진다. 싫은 부분은 건너뛰는 것뿐이다."

트위터를 비롯한 SNS의 보급으로 시청자나 독자가 작가에게 직접 공개적으로 감상이나 비판을 보낼 수 있게 되었다. 2장에서 언급한 라이트 노벨이 좋은 예다. 팬을 자칭하는 이가 "캐릭터 설정에 오류가 있어요", "이번 결말은 좀 아닌 것 같네요" 하고 댓글을 올린다.

소위 말하는 '평론'과는 다르다. 대학에서 시나리오를 전공한 한 학생은 최근 애니메이션 작품에 대해 "감초 역할인 캐릭터가 모두 착해서 주인공의 발목을 잡지 않는다", "주인공이 갈등하지 않는다. 그저 용감하고 선할 뿐이다"라고 지적했다.

제2장에서 설명하는 대사가 적은 작품을 불친절하다고 화내는 관객을 "유치하다"라고 평한 젠코의 마키 씨는 작품에서 '기분 좋음'만을 추구하는 경향 역시 "관객이 유치해진 증거 중 하나가 아닐까"라고 했다.

"애니메이션, 특히 일종의 마니아 기질이 있는 사람들에게는 예전부터 그런 경향이 있었는데 그게 확산하고 있는 거죠. 그야말로 유치해졌습니다. 견디지를 못해요. 이제 세계적인 경향이 그래요."

◀◀

불쾌함을 견디지 못한다

▶▶

이러한 경향은 애니메이션 작품이 원작인 라이트 노벨을 중심으로 확대되고 있다. 그중에서도 인기를 끌고 있는 타임슬립물에서 자주 보이는 테마가 있다. '현대를 사는 일반인이 다른 세계로 굴러 들어가 현대의 지식, 경험, 기술을 살려 그 세계에서 압도적인 우위에 선다'는 내용이다.『라이트 노벨 연대기 2010-2021』에서는 이러한 경향을 '식민지주의적 태도'라고 설명한다. 우위에 서는 문명이 열위에 있는 야만을 지배 및 계몽한다는 태도다.

이 책은 타임슬립 계열 라이트 노벨의 특징으로 '주인공은 귀찮은 역할을 받아들이지 않는다', '여러 이성에게 인기가 있다' 등의 요소를 들었다. 하나같이 전개에 크게 기여하는 설정인데 특히 '하렘'이라고 불리는 후자는 그 역사가 길다. 하렘이란 한 명의 남성 주인공과 여러 여성 캐릭터가 등장하고 각각의 여성이 남성 주인공에게 호감을 보이는 상황을 말한다. 여기서 중요한 것은 그 남성이 무언가 노력해서 그 지위를 얻어낸 것이 아니라 어떤 사정으로 이미 그 상황에 '있는' 것부터 이야기가 시작된다는 점이다. 게다가 남성 주인공의 대부분은 그러한 인기를 누리는 상황을 자랑하지 않고 오히려 곤란해하거나 아예 둔감해서 알아차리지 못한다. 이로 인해 주위 여성들은 한층 더 남성에 대한 호감을 느낀다(호의를 솔직히 표현하지 못하는 여성은 '츤데레'라는 속성을 부여받는다). 즉, '시작부터 모든 것이 갖추어진 설정'이 점점 발전하여 현재의 타임슬립물에 이르게 되었다.

물론 그렇지 않은 작품도 있다. 여기서는 어디까지나 역사적인 주류, 인기작을 중심으로 대략적인 경향을 알아보고

자 한다.

"다른 세계로 이동하는 작품이나 판타지성이 있는 작품에서 주인공이 가장 강하다는 건 불변입니다. 독자에게 스트레스를 주지 않는 것이 가장 중요해요. 이거면 끝입니다."

본래 이야기는 위기, 즉 스트레스와 그것을 극복하는 전개가 함께 등장한다. 주인공이 궁지에 빠지더라도 보란 듯이 탈출하고, 배신자로 낙인 찍히지만 결백함이 밝혀지는 등 어떻게든 위기를 극복해나간다.

하지만 X 씨에 따르면 독자는 한순간도 '진흙탕'을 맛보고 싶어 하지 않는다.

"2010년경에 우리 회사로 응모된 한 원고가 신인상을 받고 책으로 출간되었어요. 저도 잘 쓴 작품이라고 생각했는데 아마존 리뷰에서는 별점이 하나만 붙더라고요. 주인공이 따돌림을 당하는 이야기가 문제였던 거예요. 읽기 괴로워서 그만 읽는다는 사람이 놀랄 정도로 많았습니다.

저한테는 강렬한 체험이었어요. 어떤 스토리든 중간에는 약간 가라앉더라도 후반에 가서는 되살아나거든요. 카타르시스가 없는 작품은 없고 독자들도 이를 알고 있어요. 그런데 불쾌한 건 한 줄도 읽고 싶지 않다는 사람들이 예상외로 많았어요. 영업팀에서도 한 소리 하더라고요. 아마존에서 별점 하나로 끝날 것 같으면 이제는 만들지 말라고요(웃음)."

영업팀에서 만들지 말라고 한 작품은 출판되기 힘들다.

대신에 아마존 리뷰에서 고득점을 받기 쉬운 작품이 우선적으로 출간된다.

"당시 《마법과 고등학교의 열등생》이라는 작품이 큰 히트를 쳤는데 이 작품에서 주인공은 시작부터 끝까지 줄곧 강해요. 한 번도 주저앉는 법이 없죠. 그때나 지금이나 그런 걸 원하더라고요."

이 이야기를 들은 한 대학생은 "위로나 마음의 평안을 얻기 위해 작품을 읽는 사람, 애니메이션을 보는 사람이 고통스러운 장면을 피하기 위한 수단으로 빨리 감기를 사용해도 좋을 것 같다"라고 했다. 2배속으로 보면 고통도 절반으로 줄어들까?

라이트 노벨에서는 러브 코미디도 인기 장르 중 하나다. 왜 러브 코미디가 사랑받는 걸까? X 씨에 의하면 "주인공 커플이 반드시 이어지기 때문"이라고 한다. 해피엔딩이 보장되어 있고 두 사람이 꼭 이어진다는 전제로 이야기가 시작된다. 러브 코미디를 선호하는 경향은 스포일러 리뷰 사이트를 읽은 후에 영화를 보는 행동과 가깝다. 불안에서 오는 '감정적 스트레스'가 발생하지 않기 때문이다.

평범한 주인공은 인기가 없다

이야기 전개뿐만 아니라 "주인공이 못생기면 안 된다. 멋있어야 한다"라는 독자의 바람도 매출을 좌우한다. X 씨가 지적하는 "땀 한 방울 안 흘리고 지시하는 주인공이 인기 있다"라는 말도 사실이다.

"옛날에는 주인공이 직접 싸우는 게 당연했어요. 그러다가 어떤 시기부터 군사 참모 같은 포지션을 주인공으로 삼는 작품이 늘어났어요. 아름다운 여전사와 참모인 주인공 콤비물이요. 저는 여기에 《포켓몬》이 영향을 준 것 같아요. 《포켓몬》은 포켓몬 마스터가 되어서 자신을 따르는 포켓몬들끼리 겨루게 하는 게임이잖아요. 본인은 싸우지 않고요. 포켓몬 세대가 지금 라이트 노벨에서 군사 참모인 주인공이나 다른 세계로 날아가 능력을 발휘하는 주인공을 찾는 것 같아요. 옛날로 치면 가면라이더가 되고 싶다거나 거대 로봇의 조종사가 되고 싶은 것처럼요."

X 씨의 고찰은 흥미롭다. 하지만 《포켓몬》 1회가 출시된 연도는 1996년이다. 이후 게임이나 애니메이션으로 끊임없이 공급되고는 있지만 소위 말하는 포켓몬 시대의 최연장자는 2022년 현재 30대다. 라이트 노벨 독자 층과는 세대가 맞지 않는 것 아닐까 생각했지만 꼭 그렇지만도 않았다. 요즘

라이트 노벨의 독자층을 꼭 젊은이들로 한정할 수도 없기 때문이다.

"라이트 노벨이나 신문예라고 불리는 장르에는 단행본과 문고 시장이 있는데 단행본은 주인공이 무언가로 바뀌거나 다른 세계로 옮겨가는 이야기가 주류입니다. 이런 내용의 중심 독자는 35세에서 50세고요. 반면에 문고는 러브 코미디가 주류이고 주로 10대에서 20대가 봐요."

이러한 경향을 대략적으로나마 해석해보면 '굴곡진 삶을 살아가는 중년 남성이 주인공에게 자신을 투영하여 쾌감을 얻기 위해, 실제 연애와 거리가 먼 젊은 층이 소설을 통해 연애의 충족감을 얻기 위해' 라이트 노벨을 읽는다고도 할 수 있다. 영상 또한 현실에서의 욕망을 충족시켜준다. 애니메이션 각본가인 한 여성은 "처음부터 명확한 답이 없는 스토리는 인기가 없다. 가볍게 읽고 넘길 수 있는 주제가 인기를 끈다. 캐릭터와 행동과 감정도 매우 명확하여 숨은 뜻이 없다"라고 말했다.

◀◀

엔터테인먼트는 그저 스트레스 해소용

▶▶

이런 영상이 인기를 끄는 것도 "당연하다"라고 말한 이가 앞에서 등장한 모리나가 씨다.

"마음을 풍요롭게 하는 게 아니라 스트레스 해소만 추구하면 당연히 그렇게 돼요. 젊은 세대일수록 마음에 여유가 없고 스트레스가 가득하니 그런 경향이 더 심하고요."

이 말은 '스포츠를 즐기는 젊은이들이 줄어들었다'라는 사실로 봐도 분명하다고 한다. 모리나가 씨는 계속해서 말을 이었다.

"스트레스 해소가 목적이니까 응원하는 팀이 이기는 장면만 보고 싶은 겁니다. '보상을 바라는 마음이 커서' 이긴 시합의 요약 영상만 봐요. 응원하지 않는 팀이라도 좋은 플레이나 점수가 들어가는 장면은 봐요."

"일본 축구는 팬의 고령화 경향을 걱정하고 우려합니다. 스포츠 왕국인 미국조차 팬의 고령화로 골머리를 앓는 실정입니다."

아무리 각본이 좋아도 무거운 주제를 다루는 드라마는 시청률이 저조하다는 이야기를 자주 듣는다. 심각한 사회 문제를 배경으로 그리려고 해도 반드시 코믹 요소를 가미해야 한다. 알아차리기 쉬운 복선이나 권선징악형 카타르시스는 필수다. 머리를 계속 굴리지 않으면 이해하기 어려운 복잡한 복선이나 심층적인 주제, 고도의 아이러니를 섞은 위트는 외면당한다.

온종일 하고 싶지도 않은 일에 치여 스트레스를 안은 채 귀가한 후나 인간관계에 지친 상태에서는 생각을 많이 해야 하는 드라마를 보기 꺼려진다. TV 드라마에서든 스포츠 프로그램에서든 스트레스 해소 기능이 요구된다. 기분 좋은 장면을 기분 좋게 보고 싶다는 이야기가 나오는 것도 당연하다. 불쾌하거나 지루한 장면은 건너뛰면서 말이다. 결말까지의 요약 영상이나 줄거리를 읽고 '문제 없음'을 판단한 후에야 본편을 보는 것도 당연하다. 그들은 가성비를 추구하면서도 불쾌한 것을 교묘하게 피하고 있다. 잔혹한 장면이 많은 영화를 미리 필터로 거르는 것도 그러한 예다. 소중한 시간을 기분 좋게 보내기 위한 훌륭한 자기방위책이다.

◀◀

스마트폰 게임의 쾌'락'주의

▶▶

스마트폰 게임에서도 이런 경향이 엿보인다. 스마트폰 게임에서 스토리 부분을 건너뛰는 유저가 늘어났다. 요즘에는 게임 사이사이에 스토리 파트를 배치한다. 스토리 파트는 게임을 위한 수단이 될 뿐 아니라 플레이어를 게임 세계관에 빠뜨리는 역할을 하기도 한다. 텍스트뿐 아니라 성우가 온몸으로 말하는 작품도 있다.

　　하지만 조금이라도 빨리 게임을 하고, 아이템을 모으고, 경험치를 쌓고, 캐릭터를 육성하고 싶은 플레이어는 스토리를 느긋하게 시청하고 있을 여유가 없다. 스마트폰 게임은 틈

새 시간에 하는 경우가 많아서 느긋하게 세계관을 맛볼 시간이 없다. 유저들은 효율적으로 게임을 진행하고 싶어 한다.

게다가 게임을 할 때마다 특정 아이템을 랜덤으로 주는 이벤트가 이를 부추긴다. 그중에서도 여러 번 시도 끝에 얻어지는 희귀 아이템은 사행성이 높아 큰 비용이 수반된다. 이는 2012년 무렵 일본에서 사회 문제로 이어졌다. 미성년자가 부모의 신용카드를 무단으로 사용하여 대금을 결제하는 사건이 발생했기 때문이다. 이런 이벤트는 말하자면 도박이다. 게임을 즐기는 것을 뛰어넘어 손쉽고 빠르게 뇌에 기쁨을 주려는 '쾌락주의'다.

많은 플레이어가 아이템을 얻는 즉각적인 쾌락을 위해 게임을 한다. 트위터에서도 아이템 선정 결과에 일희일비하는 투표가 진행되고 있다. 스토리 따위는 누구도 신경 쓰지 않는다. 그러니 건너뛴다.

제1장에서 빨리 감기를 "요리를 믹서기에 넣고 가는 것"에 비유한 유학생 진질문 씨는 무료 게임을 즐기며 관련 논문도 찾아본다. 그의 생각이 재미있다. 일반적인 거치형 비디오게임(닌텐도 스위치나 플레이스테이션)의 플레이어는 '게임을 즐기는' 데 반해 스마트폰 게임의 플레이어는 '자극을 즐긴다'는 것이다. 이 책이 처음에 설정한 '감상'과 '소비'의 구별과도 비슷하다. '감상'이란 그 행위 자체가 목적이고 '소비'는 실리적인 목적을 위해 하는 행위다. 게다가 돈만 내면 능력치가 오

른다. '효율'이라는 명분 아래 말이다.

"현대인은 시간이 없어요. 게임에 투자할 수 있는 30분이 있어도 그 30분 안에 확실히 만족감을 얻는다는 보장이 없으면 시도조차 하지 않죠. 그런 점에서 스마트폰 게임은 시간과 돈만 있으면 확실한 만족감을 얻을 수 있어요"(진 씨).

확실성, 비용 대비 최대한의 쾌락 등 빨리 감기와의 공통점이 많다. 진 씨는 말했다.

"자신이 게이머라는 의식은 학습을 통해 생겨요. 학습해서 스킬이 올라간다는 걸 느끼죠. 그래서 비디오 게임의 플레이어는 게이머라는 정체성을 얻지만 스마트폰 게임의 플레이어는 스스로 게이머라는 의식이 약해요."

이를 영상 시청에 적용하면 빨리 감기로 영상을 보는 습관이 있는 사람들은 스스로 '작품 감상자'라는 의식이 약하다. 그럼 무엇일까? 바로 '콘텐츠 소비자'다.

2020년도의 가정용 게임 유저(진 씨가 말하는 비디오 게임 유저) 인구는 2707만 명인 데 비해, 스마트폰 앱의 게임 유저는 그 1.5배에 해당하는 3976만 명이었다.

◀◀

보고 싶은 것만 본다

▶▶

이런 경향을 쉽게 말하면 "보고 싶은 것만 본다"라고 할 수 있다. 하라다 씨는 "Z세대는 SNS에서 기업과 미디어의 주된 마케팅 타깃이며 자신이 보고 싶은 정보만 선별해서 볼 수 있어요"라고 한다. 그 결과 자신에게 조금이라도 거부감을 주는 정보는 재빨리 회피한다고 분석했다. Z세대가 철들 무렵부터 익숙하게 사용했던 인터넷은 보고 싶은 것만 보기에 안성맞춤인, 그 자체로 거대한 미디어다.

신문과 잡지 그리고 인터넷의 가장 큰 차이는 무엇일까? 신문이나 잡지에서는 관심 없는 기사나 광고도 눈에 들어오지만 인터넷에서는 제목을 클릭해서 보고 싶은 기사만 읽을 수 있다. 즉 대충 보고 관심이 없는 기사에는 아예 눈도 돌리지 않는다. 트위터에서는 '뮤트하는 키워드'를 설정하면 그 키워드가 포함된 트윗이 타임라인에 표시되지 않는다. 불쾌한 화제나 보고 싶지 않은 스포일러를 걸러주는 것이다. 결국 온라인 사이트나 광고 회사는 알고리즘 해석으로 사용자의 관심사를 정확하게 분석하고, 해당 사용자가 흥미를 느낄 만한 기사나 광고를 우선 표시한다.

그러니 관심 없는 콘텐츠는 접할 기회조차 없다. 사용자가 원하지 않는 정보를 차단하는 필터 때문에 마치 안개에 둘러싸인 듯이 시야가 흐려진다. 이런 인터넷의 성질을 최근 들어 '필터 버블'이라 부른다.

영상 시청 습관도 동일한 상황에 놓여 있다. 스마트폰이나 태블릿, 개인 PC가 보급된 후로 아이들은 거실에서 부모가 보는 프로그램을 같이 볼 필요가 없다. 자신이 보고 싶은 것만 골라서 볼 수 있으니 말이다. 그러니 처음부터 목표로 하지 않은 콘텐츠에 시간을 할애하는 것은 낭비라고 생각하고 스트레스를 느낀다.

과거에는 편집자가 야심차게 시도한 기획이나 실력파 기자가 쓴 칼럼이 잡지에 실렸다. 설령 그 기사를 읽으려고 산 것이 아니라 해도, 이왕 샀으니 아까워서라도 한번은 읽게 되고, 예상외로 새로운 영감을 얻어 또 다른 문화를 만들어내기도 했다. 하지만 오늘날 예상 외의 콘텐츠 소비는 무용하고 가성비가 나쁘다고 여겨진다.

◀◀

좋아하는 것만 골라 먹는 '피키 오디언스'

▶▶

보고 싶은 것만 보는 습관이 Z세대만의 전유물은 아니다. 요즘 전 세대의 분위기가 그러하다. 하쿠호도 DY미디어 파트너즈 환경연구소는 2021년 7월에 발표한 리포트에서 미디어 접속 경향이 어떻게 변화했는지 보고하였다. 두드러진 점은 코로나로 인해 영상 콘텐츠를 수동적으로 보는 사람이 감소하였다는 사실이다. 예를 들면 다음과 같은 의견이다.

"별로 볼 만한 것이 없어서 TV를 안 보게 되었어요. 스마

트폰에 깔아둔 팟캐스트를 듣거나, 인터넷으로 유튜브 같은 걸 봐요."(S 씨, 만 37세)

"제게 필요한 정보를 얻을 수 있으면 좋겠어요. 관심이 없는 건 머리에 잘 들어오지도 않고 (중략) 코로나 현황처럼 중요한 건 필요하겠지만 그 외에는 직접 선택해서 보는 게 나아요."(F 씨, 만 26세)

"정보가 편향되어 있다고 해도 선별된 뉴스면 충분할 것 같아요. 제가 좋아하는 세계에서 살면 되거든요."(N 씨, 만 39세)

"(고르는 기준은) 누가 그런 정보를 올렸는지는 중요하지 않아요. 그 콘텐츠에 내가 관심이 있느냐가 중요하죠."(F 씨, 만 63세)

"좋아하는 정보나 콘텐츠만 보고 싶다", "관심이 없는 건 아예 눈에 안 들어왔으면 좋겠다", "편향되어 있다고 해도 괜찮으니 좋아하는 정보에만 둘러싸이고 싶다". 영상 오락 콘텐츠뿐만 아니라 뉴스 같은 정보도 마찬가지다.

같은 리포트에서는 '아무 생각 없이 보내던' 시간을 바로잡고 자신의 기분에 맞는 미디어 콘텐츠를 고르는 사람을 "피키 오디언스Picky Audience"라고 칭한다. 픽pick이란 '고른다'는 뜻이다. 뷔페에서 좋아하는 음식을 원하는 만큼 접시에 담는 이미지를 생각하면 된다.

▶ ▶▶ ▶|

인터넷이 보급되면서 전 세대가 과도한 정보와 콘텐츠로 몸살을 앓았다. 그래서 자신이 좋아하는 정보나 콘텐츠로 눈앞을 가린다. 같은 의견을 가진 사람들만 있는 팔로우 리스트, 관심 있는 소식이 먼저 나오도록 기분 좋게 커스터마이징된 뉴스 사이트, 반론을 차단한 유료 온라인 커뮤니티 등등….

많은 사이트가 개개인의 시청 이력에 맞춰 'OO님을 위한 추천 작품', '방금 시청한 작품과 비슷한 작품'을 추천해준다. 취향에 안 맞는 작품은 처음부터 선택지에서 제외시켜준다. 여론에서는 사실보다도 개인의 감정에 호소하는 허위가 더 큰 영향력을 갖는다. 한마디로 "믿고 싶은 것만 믿는다".

"주인공이 궁지에 빠지지 않았으면 하는 생각뿐이에요. 바라는 대로 이야기가 흘러갔으면 좋겠어요. 주인공이 고생하거나 좋아하는 사람에게 차이는 잡음은 없어도 돼요. 이야기는 기분 좋게 소비해야 하니까."(X 씨)

◀◀

내가 원하는 대로 흘러가야 본다

▶▶

이런 현상이 심화되자 자신이 예상한 대로 흘러가는 전개를 보고 싶다는 시청자의 억지가 나타나기 시작했다. 그 이유로는 "기분을 망치고 싶지 않다"라는 이야기가 주로 등장한다. 설문 조사에 응한 한 여성(30대)은 드라마를 볼 때 먼저 줄거리를 끝까지 보고 등장인물의 얼굴과 이름, 프로필을 모두 살펴본다고 했다. 그런 다음에 1회부터 보기 시작한다.

"서스펜스물을 볼 때 '이 사람 죽는 건가? 살았으면 좋겠는데' 하고 심장이 두근대는 게 싫어요. 갑자기 살해되어서 놀라는 것도 싫고. 오락 삼아 보는 건데 도대체 무슨 의도로 그렇게 만드는지."

그녀에게 실처럼 꼬인 전개나 예상하지 못한 반전, 복잡한 이야기는 모두 불쾌한 요소다. 그녀가 선호하는 이야기는 '생각한 대로 전개'되는 이야기다. "너무 예상한 대로 흘러가면 재미가 덜하지 않나요? 뭔가 좀 다르게 흘러가야 재미있지 않아요?"라고 물어도 소용없었다. 롤러코스터를 싫어하는 사람에게 "이렇게 재미있는데 왜 안 타?"라고 묻는 것만큼이나 어리석은 질문이었다.

한 대학생은 "고등학생인 여동생이 마음이 동요하는 게 싫어서 울게 되는 영화인지 아닌지를 먼저 알고 난 후에 보고 싶다고 해서 놀랐어요"라고 전해주었다. 이것도 기분을 해치기 싫은 유형의 하나다.

◀◀

공감 지상주의와 타자성의 결여

▶▶

'마음이 동요하는' 상태를 피하는 현상과 비슷하게 요즘은 '공감성 수치'라는 말에 공감하는 이들이 많다. 공감성 수치란 다른 사람이 실패하거나 창피를 당하는 것을 보면 자기 일처럼 느껴 부끄러운 기분이 드는 것을 가리킨다. 공감성 수치를 크게 느끼는 사람은 충격적인 장면을 즐기지 못한다.

결국 영상 작품의 좋고 나쁨을 판단하는 기준이 등장인물에 공감할 수 있느냐 아니냐로 결정된다. 분명 공감도 중요한 요소이다. 하지만 도저히 공감할 수 없는 인물의 행동을 보면서 인간이라는 존재가 얼마나 다양하고 복잡한지 이해하게 되는 것도 감상을 풍요롭게 해주는 요소임을 잊어서는 안 된다.

세상에는 자신과 완전히 다르게 생각하고 다르게 행동하는 '타자'가 존재한다. 그 가치관에 동의할 필요는 없지만 존재만큼은 인정하고 존중해야 한다. 존중은 '마주하고 이해하는' 의무까지 포함한다. 하지만 이야기의 가치를 공감에서만 찾으려는 사람은 '공감하기 어려운 가치관을 마주하고 이해하려고 노력하는' 일이 익숙하지 않다. 그러려면 큰 에너지가 필요한 데다 가성비가 좋지 않으니 말이다.

결과적으로 자기 생각을 보강해줄 이야기나 말을 찾고 그것만 강화하게 된다. 타자의 입장에서 바라보는 관점이 결여되어 있기 때문이다. 타자에 대한 상상력이 없는 그들은 "세상에 자신과 다르게 느끼는 사람이 있다"라는 당연한 사실을 잊는다. 혹은 그런 사람을 쉽게 적으로 치부한다.

조금 특수하기는 해도 일화를 하나 소개해보겠다. 한 각본가 워크숍에서의 일이다. 소설을 시나리오로 각색하는 과제와 관련해 각본가 지망생인 20대 남성이 담당 강사에게 이렇게 말했다.

"시청자가 괴로워할 만한 장면을 잘라내고 싶습니다."

놀란 강사가 이유를 묻자 "보는 사람의 기분을 망치니까요"라는 대답이 돌아왔다.

그는 또 다른 과제에서 이렇게 말했다.

"남자는 등장하지 않을 거예요. 여자만 나오는 시나리오를 쓸 겁니다."

그를 특이하다고 여길 수도 있겠지만 이미 세상에는 관객을 만족시키는 데 온 힘을 다하는 상업 작품이 수없이 존재한다. 그걸 알면서 어떻게 그를 탓할 수 있겠는가. 그리고 이 이야기에서 가장 놀라운 것은 그가 "제가 시나리오를 쓰는 작품의 관객은 저와 완전히 같은 감성을 가진 사람들입니다"라고 한 치의 의심도 없는 표정으로 말했다는 사실이다.

◀◀

감정을 절약하고 싶어, 좋아하는 장면만 반복해서 본다

▶▶

영상을 시청할 때 "기분 상하는 것이 싫다"라고 하는 말인즉 가급적 마음을 쓰고 싶지 않다는 의미이다. "미세한 감정과

뉘앙스를 알아차리려면 집중해서 마음을 써야 합니다. 피로해지죠. 빨리 감기를 하면서 지나가면 내용에만 집중할 수 있어서 마음이 편해요"라는 의견도 있었다.

더 직접적으로 "빨리 감기로 보면 감정 이입이 덜 돼서 좋다"라는 대학생도 있었다. 일반적으로 감정 이입이 안 되는 건 작품 감상에 부정적 요소가 아닌가? 그럼에도 이들은 감정을 절약하기 위해 작품에 너무 깊이 빠지기를 꺼린다. 그들은 매일 쏟아지는 대량의 정보와 이야기에 지쳐 있다. 그래서 콘텐츠를 담백하게 접하고 싶어 한다. 매일 돈가스, 스테이크, 카레를 먹어 더부룩한 위장이 건강한 음식을 찾는 것처럼 말이다.

제1장에서 《교열걸》, 《카케구루이》를 반복적으로 본다고 한 여대생 A 씨는 같은 영상을 반복적으로 보는 이유에 대해 "새로운 걸 보려면 체력이 필요하다"라고 설명했다. 그런 의미에서 좋아하는 장면만 반복해서 보는 것은 궁극적인 쾌락주의다.

설문 조사에 응한 대학생들도 각각 좋아하는 작품을 즐겨찾기로 해두고 자주 본다고 했다. 그 이유로는 "마음이 편하니까", "힐링이 된다" 등 다양했다. 그들에게 영상은 '작품'이 아니라 기능성 식품이다. 복용하면 반드시 기대한 효과가 나타난다.

작품을 감상하는 행위가 'Do'라면 장면 단위를 반복하는 행위는 'Be'다. 보는 행위가 목적이 아니라 '차분하고 편안한 상태'에서 가치를 찾아낸다. 그런 의미에서 반복 시청은 제2장에서 각본가인 사토 씨가 지적한 오픈 월드 게임에 가깝다. 스토리는 있지만 그것을 무시해도 즐길 수 있기 때문이다.

코로나 위기 속에서 인기를 구가한 〈모여라 동물의 숲〉은 카테고리상 오픈 월드 게임은 아니지만 비슷한 재미와 효능을 가져다주었다. 반드시 게임을 끝내거나 결말을 알지 않고도 게임 그 자체를 즐길 수 있었다. 참고로 「영화를 빨리 감기로 보는 사람들'의 출현이 시사하는 무서운 미래」라는 기사가 실렸을 때 "나도 포르노는 빨리 감기로 본다"라는 반응이 적지 않았다. '목적'을 위해 '스토리'를 무시하고 '원하는 장면'만 '반복적으로' 시청하는 영상 포르노는 쾌락주의와 비슷한 면이 있다.

◀◀

평론을 읽지 않는 시대

▶▶

다른 방향에서도 한번 생각해보자. 요즘은 영화 평론서가 팔리지 않는다. 평론이란 작품에 대해 논하는 글이다. 사전적 설명으로는 '무언가의 가치, 선악, 우열 등을 비평하고 논하는 글'이다. 좋은 점과 나쁜 점을 지적하고, 공평하고 객관적인 시선에서 대상을 논한다. 본디 평론서가 그리 잘 팔리는 장르는 아니지만 이전과 비교해도 판매량이 저조하다.

영상 작품에 관한 잡지와 책을 주로 간행하는 중견 출판사에서 20년 가까이 영업직에 몸담은 Q 씨는 "평론서는 정말 특별한 경우를 제외하고는 본전도 못 찾아요"라고 말한다.

"저명한 영화 평론가의 저서라도 초판은 3,000부 정도고 실제 판매율은 좋아도 65퍼센트 정도죠. 그러니까 편집부에서 기획을 올려도 사내 심의 단계에서 통과를 못 해요."

2,000부도 팔리지 않는다는 말이다. 실명은 거론하지 않겠지만 Q 씨가 예로 든 영화 평론가는 일본에서 다섯 손가락 안에 드는 유명인이다. 반면에 출연 배우의 '팬 북'은 불티나게 팔린다.

인터넷상의 텍스트 역시 다르지 않다. 두 손 들고 칭찬하는 텍스트가 평론 텍스트보다 훨씬 많이 읽힌다. 미지근한 칭찬 기사가 날카롭게 파고들어 객관적으로 분석한 기사보다 조회 수를 얻기 쉽다는 현실은 문화계 작가라면 누구나 아는 사실이다.

◀◀

1980년대까지 잘나갔던 영화 평론

▶▶

영화 평론이 잘나갔던 시대가 있기는 했다. 예를 들어 1960년대부터 1970년까지 안보 투쟁과 베트남 반전운동을 하던 학생들 사이에서 ATG(일본 아트 시어터 길드) 작품을 논하는 문화적 분위기가 활발했다. ATG는 비상업영화(독립영화)를 적극적으로 제작하고 배급한 영화회사다. 자본주의의 논리에 편입되지 않는 ATG의 태도에 공명한 젊은이들이 자발적으로 그들 작품을 논하는 평론 공간을 만든 것이다.

1980년 중반에는 아사다 아키라, 나카자와 신이치를 중심으로 한 '뉴 아카(뉴 아카데미즘)' 붐이 찾아왔다. 버블로 향하던 일본의 소비 사회와 광고 문화의 발전을 배경 삼아 예술과 팝 컬처로 비평의 범주를 넓힌 것이 이 운동의 특징이었다. 당연히 여기에는 영화 평론도 포함되어 있다. 지적인 욕구를 추구하던 젊은이들은 이 흐름을 타고 난해한 말로 문화를 논하는 기쁨에 젖어들었다.

더불어 1983년에는 독립영화관(독자성, 작가성이 높은 작품을 상영하는 영화관)의 중추적인 존재였던 시네 비반 롯폰기가 오픈했다. 장 뤽 고다르, 에릭 로멜의 작품 등 유럽 영화가 상영되었고, 문화적 감수성이 풍부한 젊은 층이 모여 (패션적 측면은 다분히 있었지만) 지적인 텍스트로 영화를 논했다.

또한 1980년대는 빔 벤더스, 짐 자무시, 스파이크 리, 아키 카우리스마키, 피터 그리너웨이, 에드워드 양, 왕가위 등 재능이 넘치는 신예 감독들이 세계 각국에서 연이어 등장하여 영화계로서는 전성기를 맞이했다. 그들의 작품은 젊은 관객에게 자극을 주었고 평론 공간을 활발하게 만들었다.

당시를 잘 아는 고참 출판사 관계자의 말에 따르면 1990년대 중반까지는 영화 평론서도 "나름대로 팔렸다"라고 한다. 그는 "《혹성탈출》로 유명한 러시아의 영화감독 안드레이 타르코프스키의 영화론은 8,000부나 팔렸고, 모 영화전문지의 실판매 부수는 지금의 3배 정도 되었다"라고 했다. 1980년대에는 그랬다.

하지만 1990년대 후반 이후에 멀티플렉스(여러 스크린을 가진 비교적 대규모 영화관)가 생기면서 독립영화관의 존재감이 작아졌다. 이윤 추구에 특화된 멀티플렉스는 인기 있는 작품을 여러 스크린에서 상영하는 반면, 인기 없는 작품의 상영 횟수는 가차 없이 줄이고 극장에서 빨리 내렸다. 관객이 대거 몰릴 것 같은 영화는 상영 스크린 수에서부터 먼저 대접을 받는 한편, '특색 있고 작가성이 강한 작품'은 상영 기회가 줄어들었다. 1980년대만큼 기량이 우수한 신예 감독들이 등장한 것도 아니라서 평론 공간도 당시만큼 활발하지 못했다.

그러다가 2000년대 전반에 급속도로 보급된 인터넷이 이런 경향을 더욱 부추겼다. 인터넷에는 영화 작품에 대한 무료 텍스트가 산더미처럼 쌓여 있다. 거기에도 양질의 글이 없는 건 아니지만 대부분은 그저 소개나 일반 감상문 수준의 글들이다. 하지만 많은 이가 그 정도의 정보로도 대강 만족해버렸다.

인터넷이 없던 시대에는 작품 정보를 얻기 위해 유료 출판물, 이를테면 영화 잡지를 사는 등 적어도 일정한 품질이 보증된 평론을 '접할 기회'가 있었다. 독자의 독해 수준을 넘어서는 내용도 많았지만 그것이야말로 '타자'의 시점에서 작품을 보게 하는 기능도 있었다. 그렇게 평론을 접한 몇몇 중 하나는 '영화 평론을 읽는' 습관을 들였으나 인터넷의 등장이 그런 기회를 아예 박탈해버렸다.

이렇게 생각해보면 영화 평론에 관심이 없는 현실을 한탄하는 이들이 하나같이 '문화계 중년'인 것도 이해가 된다. 그들(대략 1970년대 초반 이전에 태어난 세대)은 문화적 문해력을 가지고 있으며 지금도 옛 기억이 뇌에 각인되어 있다. 그 결과 "자신들과 달리 요즘 젊은이들은 평론을 읽지 않는다"라는 설교조의 감정을 느끼기 쉽다.

◀◀

체계적인 감상을 싫어하게 된 이유

▶▶

그렇지만 현재 영화계에 젊은이들의 지지를 얻는 감독이 없는 것은 아니다. 젊은이들이 공감할 수 있는 사회적 작품도 여전히 만들어지고 있다. 또 독립영화관은 줄어들었을지 모르지만 온라인 동영상 서비스의 존재는 1980년대나 1990년대와 비교가 안 될 정도로 다양한 영화를 싼값에 볼 수 있는 환경을 초래했다. 작품에 대해 논할 수 있는 공간으로 SNS라는 최적의 공간도 준비되어 있다. 하지만 역시나 평론에 대한 니즈는 확실하게 줄어들었다.

평론을 읽지 않는 이유로 주로 두 가지를 생각해볼 수 있다. 첫째, 작품을 체계적으로 보지 않고 가성비를 중시하는 젊은이들이 늘어났기 때문이다. "체계적으로 본다"라는 것은 특정 감독이나 각본가의 과거작을 시간 순서로 보고 작풍의 변화를 확인하는 것이다. 호러 영화라면 호러 영화, 갱 영화라면 갱 영화 장르의 변천을 쫓아가는 것이다. '누벨바그'나 '아메리칸 뉴 시네마' 등 동시대 영화의 조류를 의식하면서 보는 것, 애니메이션의 경우라면 스튜디오나 작화 감독을 알아보고, '건담 시리즈', '프리큐어 시리즈' 등 시리즈 별로 시청하는 것도 체계적인 시청의 한 예다.

노련한 평론가들은 어떤 작품을 볼 때 유사한 작품이나 만든 이의 과거 작품 혹은 그 작품이 탄생한 시대 배경을 함께 바라본다. 즉 한 작품을 독립적인 시각이 아니라 유기적인 시각으로 살펴본다. 그러면 평론을 읽는 사람도 작품을 둘러싼 세계에 대해 어느 정도의 지식이나 시청 경험이 있어야만 그들의 평론을 음미할 수 있다.

'실패하면 안 돼'라는 생각으로 추천받고 검증된 작품만 순서대로 보는 감상법은 체계적인 감상과는 거리가 멀다. '체계적으로 보는' 작품 중에는 당연히 졸작이나 자신의 취향에 맞지 않는 작품도 많을 것이다. "봐야 할 중요한 작품의 목록을 알려달라"라고 주장하는 이들과는 맞지 않는 감상법이다. 결과적으로 작품을 체계적으로 받아들일 것을 요구하는 평론과도 멀어지게 된다.

"브라우저 탭을 10개 정도 열어두고 본다"라고 했던 D 씨는 최근 본 영화 중에서 가장 좋았던 작품으로 지브리 스튜디오의 《붉은 돼지》를 꼽았다. 하지만 다른 지브리 작품을 보거나 미야자키 하야오 감독의 다른 작품을 보려는 생각은 하지 않았다고 한다. 이유는 '귀찮아서'였다.

라이트 노벨에서는 특히 '다양한 작품을 체계적으로 읽고 비평하는' 분위기가 거의 보이지 않는다. 『라이트 노벨 연대기 2010-2021』에도 다음의 내용이 있다.

"라이트 노벨 시장에는 그때그때 유행하는 것은 있어도 고전적인 명작은 없다. 라이트 노벨에는 현재밖에 없다. 블로그나 트위터 수준을 넘어선 논의도 좀처럼 쌓이지 않는다. 이런 논의가 있다 해도 거의 영향력을 갖지 못한다."

◀◀

감독을 보고 영화를 선택하지 않는다

▶▶

'체계적인 영화 감상법'에서 가장 손쉬운 방법은 감독의 이름을 보고 영화를 골라보는 것이다. 하지만 영화 관계자들은 "감독을 보고 영화를 선택하는 사람이 줄어들었다"라고 입을 모은다.

몇몇 대학생에게 '최근에 본 가장 좋았던 영화'가 무엇인지 물어보았다. 최근 일본 영화가 몇 편 정도 거론되었지만 감독의 이름은 아무도 대답하지 못했다.

G 씨(여성, 대학교 2학년)는 아야노 고 주연의 《야쿠자와 가족The Family》(2021)을 언급했지만 감독이 누구인지는 아예 신경조차 써보지 않았다고 한다.

아마존 프라임 비디오로 애니메이션이나 한국 드라마를 즐겨 본다는 J 씨(여성, 대학교 2학년)는 마블 영화의 팬이기도 하다. 하지만 감독명을 말할 수 있는 작품은 하나도 없었다.

F 씨(여성, 대학교 2학년)는 《악마는 프라다를 입는다》(2006)와 《인턴》(2015)을 좋아해서 몇 번이나 보았다. 두 작품 모두 앤 해서웨이가 주연을 맡았다. 하지만 감독의 이름은 알지 못할뿐더러 생각해본 적도 없다고 한다.

그녀들은 영화에서 감독이 중요한 요소라고 여기지 않는다. F 씨에게 그렇게 좋아하는 작품인데 감독이 누구인지 궁금하지 않으냐고 물어보았다.

"관심이 없어요. 제가 좋아하는 건 오로지 스토리 때문이에요. 감독이 누군지는 딱히 몰라도 돼요."

하지만 작품의 질을 보증하는 총책임자는 감독이다.

"영화 자체가 '앞'이라면 만든 사람은 '뒤'잖아요. 저는 순수하게 '앞'을 즐기고 싶은 거지 '뒤'에는 관심이 없어요."

E 씨(남성, 대학교 2학년)도 "감독은 신경 써본 적 없다"라고 했다. F 씨에게 했던 질문을 똑같이 던져보았지만 "영화만으로 판단한다", "재미있다고 생각한 영화를 본다", "배우나 스토리가 중요하지 감독은 그리 중요한 요소가 아니다", "영화를 순수하게 즐기는 것뿐이다"라는 설명이 이어졌다.

B 씨(남성, 대학교 2학년)도 감독은 신경 쓰지 않는다. "이 감독이라서 이렇게 만들었구나 하는 느낌은 없어요."

그들에게는 영화감독이 작품의 총책임자라는 인식이 거의 없다. 애니메이션 실사화에서 원작을 충실하게 재현하는 경향도 이런 현상에 박차를 가한다. 원작이 있는 작품이 많아지면 그것을 영상화하는 사람은 단지 다른 건축가가 그린 도면(원작)에 따라 집을 짓는 '목수'와 같은 존재로 여겨질지도 모른다.

라이트 노벨 편집자인 X씨는 라이트 노벨을 읽는 법에서도 공통점을 찾아냈다.

"라이트 노벨은 영화에서 말하는 감독, 그러니까 작가의 팬이 전혀 없어요. 정말 일부 사람들을 제외하고요. 일반 문학과는 전혀 다르죠. 이 작가의 문체를 좋아한다든지 그런 게 없어요. 그래서 데뷔작이 잘 팔린 작가가 두 번째 작품에서 망한 일도 흔해요. 라이트 노벨 자체가 장르 소비인 거죠."

◀◀

"내 남자친구를 나쁘게 말하지 마!"

▶▶

평론을 읽지 않는 또 하나의 이유는 평론가나 작가와 같은 권위적인 존재에게서 '옳은 감상법'을 배우고 싶지 않다는 반발심 때문이다.

B 씨는 평론을 전혀 읽지 않는다. 눈에 그냥 들어와서 읽게 된 적은 있겠지만 무언가를 참고하기 위해 찾아서 읽지는 않는다. "딱히 누가 뭘 느꼈는지 나랑은 상관없고, 그냥 그 작품을 보고 내가 즐거우면 그걸로 충분하다. 다른 사람이 어떻게 느꼈는지는 그리 중요하지 않다"라는 이유에서다. 이것도 일종의 타자 시점의 결여다. 그들은 리뷰 사이트나 스토리를 알려주는 스포일러 사이트는 읽어도 평론은 읽지 않는다. 자신과 감성이 다른 누군가가 작품의 좋고 나쁨을 지적하거나 구분하는 일에 그리 관심이 없다. 원하는 건 중립적이고 객관적인 동시에 자신에게 유용한 정보와 해설이지, 어느 개인의 소감이 아니다.

이들은 권위 있는 타인이 자신이 사랑하는 작품을 멋대로 분석하거나 채점하는 것을 오히려 싫어한다. 더구나 좋은 점수도 아니고 나쁜 평점을 주며 "이 부분이 좋지 않다"며 짓궂게 지적하는 것이 불쾌하게 느껴진다. 이들은 자신이 좋아하는 것을 칭찬하는 텍스트를 좋아한다. 이들이 원하는 건 다양한 감성과 해석이 아닌 공감이다. 그래서 평론이 아니라 팬북을 산다. 자신이 좋아하는 것을 함께 좋아해주는 이야기만 읽기를 원한다.

"자신이 좋아하는 작품이 비판받는 게 싫은 마음은 당연해요. 객관적인 분석은 필요하지 않아요. 내 남자친구 혹은 여자친구를 나쁘게 말하지 말라는 것과 동일한 마음인 거죠."(모리나가 씨)

물론 그런 관객이 전부는 아니다. 명작을 전혀 다른 관점에서 지적한 평론에 귀를 기울이고 '이런 관점도 있구나' 하고 납득하는 사람도 있다. 혹은 그 평론이 타당하지 않다고 생각하고 논쟁을 하는 사람도 있다. 하지만 그런 행위에는 마음의 여유와 사고하는 비용이 든다. 작품을 감상하는 목적이 '스트레스 해소'인 사람이라면 구태여 그런 일을 하지는 않을 것이다. 좋아하는 작품을 좋아하는 방식으로 보면서 그저 즐기고 싶은 마음뿐이다.

◀◀

평론가는 위대한 제너럴리스트

▶▶

작품평은 하나의 독립된 장르다. 평론은 결코 어떤 작품의 소개 글이 아니다. 상세한 줄거리를 적거나 연구한 해설을 평론이라 부르지도 않는다. 평론은 어떤 작품에 관한 이야기이면서 실은 글쓴이가 '자기 자신'에 대해 이야기하는 글이다. 그래서 "평론이야말로 작품에 대한 다면적인 관점을 제시하고, 이해를 심화한다"라는 평가를 듣지 않는가.

평론가는 '위대한 제너럴리스트'라고 할 수 있다. 뛰어난 평론가는 다양한 분야와 교양에 통달해 있다. 특정 장르(영화, 문학, 음악 등)의 평론가라는 이름을 달고 있지만 대중문화나 시사, 학술 및 교양에 걸친 다양한 이해와 견식으로 대상을 다면적으로 논한다.

재치 있는 평론가는 영화를 논할 때 영화의 언어에만 기대지 않는다. 고전문학을 인용하여 지적하고, 인상파 화가의 구도를 이야기한다. 200년 전 역사 드라마에서 최신의 젠더 문제를 읽어내고, 액션 설계에서 애니메이션 문화가 준 영향을 발견해낸다. 작품 내에서 그려진 일들을 시청자가 결코 생각하지 못한 것과 연결 짓고, 구도의 유사성을 예로 들며, 신선하게 논한다. 그것이야말로 평론의 참된 묘미다.

'다양한 지식 분야에 통달한', 틀림없는 제너럴리스트다. 게다가 단순히 지식이 많을 뿐만 아니라 적재적소에 맞는 지식을 찾아내거나 예시를 조합해내는 센스도 탁월하다.

하지만 제3장에서 지적했듯이 Z세대는 제너럴리스트에게서 그리 가치를 찾아내지 못한다. 그들이 추구하는 것은 이력서에 쓸 수 있는 한 가지 재능을 가진 스페셜리스트다. 그렇지 않으면 개성이 없다고 간주되어 사회에서 살아남지 못한다(회사 내에서 희소가치가 있는 인재가 되지 못한다)고 느끼기 때문이다.

　　여기에는 '성과로 직결되지 않는 일반적인 교양'보다 '직무 역량을 강화하는 전문적 지식'에서 가성비를 찾아내는 젊은이들의 기질이 엿보인다. 그러한 젊은이들의 기질을 만들어낸 배경에 효율적으로 커리어에 도달하도록 떠미는 사회적 압력과 끝이 보이지 않는 경제적 저성장이 정신적 피폐함으로 자리하고 있음은 자명하다.

◀◀

평론 따위는 SNS에 얼마든지 널려 있다?

▶▶

"작품에 대한 의견은 SNS나 블로그에도 얼마든지 널려 있기 때문에 굳이 돈을 내고 평론서를 사볼 필요가 없다"라는 의견도 많다. C 씨도 "트위터에서 누구라도 평론을 올릴 수 있잖아요. 그러니 굳이 영화 평론가까지 찾을 필요가 없어요. 예를 들면 어떤 작품에 관한 평론 트윗에 3만 명이 '좋아요'를 했다면 좋은 평론인가 보다, 뭐 그렇게 생각하는 거죠"라고 한다. 이것이 정말 평론인지는 제쳐두더라도 '좋아요' 수가 좋고 나쁨을 결정하는 '기준'이 되었음은 사실이다.

　　한편으로 F 씨는 말한다. "자주 보는 작품이 대부분 원작을 가진 것이라 해석이 잘 안 되면 일단 원작을 읽게 돼요."

원작 이상의 올바른 '답'은 없다. '누군지도 모를 아저씨가 나는 이렇게 생각한다면서 적은 글'을 읽어본들 정답에 도달할 수 없다. 스포일러 사이트, 위키피디아가 훨씬 더 친절하다. 제대로 기능에 특화되어 있다는 말이다.

그들은 1초라도 빨리 '답'에 도달하기를 원한다. 평론은 너무 돌아가는 길이다. 젊을수록 인터넷 게시물의 신뢰성을 의심하지 않는 경향이 두드러진다. 논문의 출처 표기에 넉살 좋게 위키피디아를 적은 학생이 있다는 교수의 탄식도 들린다. 그들은 인터넷에 '답'이 적혀 있다고 생각하고 검색해서 나오지 않는 것은 존재하지 않는다고 판정한다.

어쩔 수 없는 면도 있다. 적어도 2000년도 정도까지는 인터넷상의 정보가 상상 이상으로 대충이었다. 그 시대를 지내보지 않은 이들에게 "인터넷 정보는 신뢰성이 낮다"라는 이야기가 와닿지 않는다. 분명한 세대적 분단이 존재한다.

종종 영화를 본다고 자칭하는 대학생에게서 "얼마 전에 평론을 읽고 영화를 보러 갔어요"라는 이야기를 듣고 자세히 물어보니 그가 '평론'이라고 칭한 것은 인터넷 커뮤니티에 올라온 글이었다. '평론'이 무엇인지 모르는 사람이 상당수라면 'SNS에 얼마든지 널려 있는 텍스트'나 '굳이 돈을 내서 사보는 평론'이나 별로 다를 것이 없다.

광고로 전락해버린 서평

2021년에는 평론에 대해 다시 생각하게 하는 소동이 있었다. 2021년 7월, 틱톡TikTok에서 소설을 소개하는 겐고 씨(당시 만 23세)가 1989년에 간행된 츠츠이 야스타카의 『잔상에 립스틱을』을 39초 정도의 동영상으로 소개했다. 영상은 곧 돌풍을 일으켰고, 이 소설은 무려 11만 5천 부의 증쇄를 찍었다. 초판 수천 부조차 판매하기 어려운 시대에 32년도 더 전에 간행된 소설이 10만 부 단위로 증쇄를 하다니 놀랄 일이었다. 아사히 신문이 이 건을 다루면서 큰 화제가 되었다.

그런데 같은 해 12월 9일, 서평가인 도요자키 유미 씨(당시 만 60세)가 이 일에 대해 혐오감을 표현했다. 그는 트위터에 "그런 날림의 소개로 책이 팔렸다고 해도 일시적인 폭풍일 뿐이죠. 일시적인 폭풍에 흔들리는 건 바보들이나 하는 일 아닌가요? 그 사람이 서평을 쓸 수 있나요?"라는 트윗을 올렸다.

이 글은 곧 커다란 파장을 일으켰고 겐고 씨는 다음 날인 12월 10일에 "틱톡을 쉽니다"라며 트윗을 올렸다(한 달 후인 2022년 1월 14일에 재개 선언). 겐고 지지파는 "젊은이들이 책을 사게 만들 만큼의 영향력이 있고 출판 및 서점업계도 환대하는 인플루언서를 베테랑 서평가가 뭉개버렸다"라며 하나같이 도요자키 씨를 공격했다. "겐고 씨에 비해 도요자키 씨의 평론을 통해서는 얼마나 독서 인구가 늘었나?", "겐고 씨에 비해 도요자키 씨의 평론이 책의 판매에 얼마나 기여했나?"라며 평론이라는 일의 '무의미함'을 조소하는 사람도 있었다. 말하자면 "평론은 가성비가 나쁘다"라는 이야기다.

평론의 의의와 가치를 가성비, 즉 판매 효과로 측정하는 것이 말도 안 되는 이야기임은 자명하다. 하지만 이 일로 평론이 그 '무용함'을 규탄받고 말았다. 좋은 점과 나쁜 점을 모두 지적하는 어려운 평론에 비해 좋은 것을 짧게 추천하는 틱톡 영상이 더 요즘 사람들 입맛에 맞다.

여기서 특별한 점이 하나 있었다. 서평의 의의와 가치를 이해하고, 원래라면 도요자키 씨의 편에 섰을 베테랑 문필가와 많은 출판인이 겐고 씨를 지지했다. 겐고 씨의 팔로워나 평론에 익숙하지 않은 젊은 층이 도요자키 씨에게 반발하는 것은 당연하다고 쳐도 왜 도요자키 씨의 오랜 친구들은 그를 옹호하지 않은 걸까? 여기에는 최근 20년 이상 이어진 종이책의 판매 저조세가 멈출 기미가 없다는 안타까운 사정이 큰 영향을 끼쳤다. 특히 젊은이들의 독서 기피가 심각해 출판업계는 어떻게든 젊은이들이 책을 사게 하기 위해 오랫동안 고심해왔다.

그런데 최근 1, 2년 사이 다양한 책이 인플루언서의 소개로 팔리는 경우가 눈에 띈다. 즉 많은 젊은이에게 책을 사게 하는 겐고 씨의 존재는 출판 비즈니스 종사자에게 한 줄기 희망이었던 셈이다.

　"젊은이들의 독서 기피 현상이 심해지는 가운데 겐고 씨의 활동은 젊은이들에게 독서 습관을 심어주고 있다", "겐고 씨 덕분에 책이 재판에 들어갔다. 매출에 기여하고 있으니 그를 탓할 이유는 없다". 틀린 말이 아니다. 그런데 출판업에 몸담아온 출판인이라면 조금 더 평론의 존재의의에 대해 살펴보아도 좋지 않았을까? 가난이 품성까지 바꾼다고 했던가. 그들도 많든 적든 가성비주의에 빠져 있는 셈이다.

◀◀

'타인의 일에 간섭하지 않는' Z세대의 처세술

▶▶

「'영화를 빨리 감기로 보는 사람들'의 출현이 시사하는 무서운 미래」 기사에는 "어떻게 보든 내 마음", "언론에서 시청 방식을 강요하지 마라", "그건 네 감상이고", "빨리 감게 만드는 작품을 만드는 사람이 나쁘다"라는 비판도 많았다. 이는 '평론은 중요하지 않다. 어떻게 보든 내 마음'이라는 불쾌감과도 닮아 있다.

　한편 사람들의 댓글 중에는 자신이 부정당했다고 느끼듯 매우 상처 입고 화난 것처럼 보이는 내용도 상당수 있었다. 좋아하는 것을 절대로 폄훼당하고 싶지 않다, 부정적인 평론은 필요 없다는 이야기가 자신이 좋아하는 작품뿐 아니라 시청 방식에도 적용되었다.

　누가 이야기한 것이든, 단순히 인터넷 기사이든 한 개인의 의견을 접한 순간 마음이 동요하고, 강요당한다고 느낀다. 자신을 책망한다고, 자신이 부정당했다고 느낀다. 그것이 심한 초조함과 분노로 전환된다. 인신공격이 아닌 이상 모르는 이들의 의견은 내버려두면 그만인데 그들은 그렇게 하지 못한다. 어째서일까? 제3장에서 열거한 Z세대의 특징 중 여덟 번째인 "다양성을 인정하고 개성을 존중한다"에서 힌트를 얻을 수 있다.

　그들은 외모나 인종, 성적 취향의 다양성에 관용적이어야 한다는 분위기가 고조된 2010년대를 거치면서 학교와 사회로부터 개인에 관한 민감한 부분은 언급하지 않는 것이 미덕이라고 배웠다. 뒤집어보면 이는 다양성을 인정하지 않고 개성을 존중하지 않는 기성세대의 배려 없는 지적을 못 견뎌한다는 말과 같다. 이하는 2020년에 『사이조』지의 Z세대 특집으로 진행된 고등학생 좌담회의 발언을 발췌한 것인데 여기서도 타인에게 간섭하지 않는 Z세대의 특성이 단적으로 드러난다.

　　S: 무엇에 대해서든 '깊은 관심'이 없어요. 한두 개 관심 있는 것 말고 다른 게 시야에 들어오면 돌아보기야 하겠지만 그쪽으로 향하려고 하지는 않죠. 관심이 없는 것에는

'아, 그렇구나' 정도로 반응하고 더 이상 깊이 파고들지는
않아요.

L: 자기 주관이 제일 중요하기 때문에 취향에 맞지 않는 것
에는 일일이 신경을 안 쓰죠.

S: 친구들과 이야기하는 중에 "촌스럽다"라거나 "이상해"
라는 단어는 거의 등장하지 않아요. 기본적으로는 "멋있
다", "좋다"라고 말해요. 이를테면 일반적으로 '촌스러운'
것이 있어도 그건 그 사람의 개성이고 받아들이는 사람
들이 꽤 있으니까 굳이 거기에 초점을 맞추지 않고 매력
적인 부분에 관심과 화제가 가는 편인 것 같아요.

사회자: 위 세대에서 강한 편견이 남아 있는 '오타쿠'에 대
해서도 차별 감정은 없나요?

S, M: 전혀 없어요.

S: 그 커뮤니티에 개입하는 것도 아니고 방해하는 것도 아
니에요.

L: 저도 전혀 없습니다,

사회자: 위 세대는 자신이 그 그룹에 속하지 않는 것에 안
심하면서 오타쿠를 더 몰아세운 측면도 있습니다.

L: 오타쿠라고 해도 '아, 그렇구나' 정도로밖에 생각하지 않
아요.

그들은 타인에게 간섭하지 않는다. 즉 비판이나 지적을 하지 않고, 당하지도 않는다. 이는 언뜻 보기에 '타자'를 존중하는 것처럼 보이지만 거기에는 '나와 다른 가치관을 접하고 이해하고자 노력하는' 행위가 결여되어 있다. 관용이 아니라 단지 연결을 피하는 것뿐이다.

그런 이유로 자신과는 생각이 다른 '타자'의 존재를 마음 깊이 이해하지 못한다. 다른 의견에 부딪혔을 때 '당신과 저는 의견이 다르군요'로 끝내지 못한다. 자신을 향한 비판에도 내성이 없다. 누군가에게 조금이라도 부정적인 이야기를 들으면 그냥 흘려보내지 못한다. 마음이 흔들리고 '불쾌하다'며 곧장 비명을 지른다. 이는 다양성과는 거리가 먼, 오히려 일종의 좁은 마음이라고 할 수 있다. "다양성을 인정하고 개성을 존중한다"라는 말에 "다른 가치관이 눈에 들어오지 않는 경우에 한한다"는 단서가 필요할지도 모르겠다.

◀◀

인터넷을 사회와 동일시하면 나타나는 문제
▶▶

모리나가 씨는 빨리 감기로 영상을 시청하는 습관에 위화감을 표현한 기사가 많은 젊은이로부터 감정적인 반발을 초래한 이유를 '착각'이라는 관점에서 설명한다.

"자신의 시청 습관이 누군가에겐 불쾌하다는 사실을 알

게 된 거죠. 그러니 자신의 행동이 일탈일지도 모른다는 공포
감도 있을 거고요. 그걸 지적한 사람이 이나다 씨 한 사람이
었다고 해도 인터넷 기사라는 매체를 통해 이야기되면 '사회
적 시선'이 되어버려요. 그러니까 '사회'가 자신을 지적했다고
착각하는 거죠."

한 애니메이션 제작사 직원도 모리나가 씨의 의견에 동
의하며 이렇게 말했다.

"어떤 작품이 트위터에서 '좋아요'와 칭찬 코멘트를 많이
받으면서 확산되면 원래는 개인의 의견인데 마치 사회 전체
의 뜻이 그런 것처럼 보이죠. 여기에 반발하면 자신이 인터넷
에서 두들겨 맞는 대상이 되어버릴지도 모른다는 공포가 있
는 것 같아요."

"대학생들과 이야기를 나누면서 사회를 바라보는 해상도
가 낮다는 사실을 통감해요. 인터넷을 사회 전체라고 받아들
이기 때문에 경계심이 무척 강하죠.

TV 방송을 누가 만드는지도 모르니 거기에 대한 경계
심도 커요. 이전에 TV를 보지 않는다는 대학생이 워크숍에
서 텔레비전 방송국 관계자들과 직접 이야기를 해보고는 '텔
레비전 방송 종사자들이 어떤 사람들인지 알았으니 앞으로는
오늘 알게 된 분들이 만든 프로그램을 볼 거예요'라고 말했습
니다."(모리나가 씨)

인터넷이나 TV로 전달되는 정보를 사회 전체의 의견으

로 받아들이며 두려움을 느끼는 경향도 제3장에서 말한 '절대로 틀린 제비를 뽑고 싶지 않다'라는 심리의 발현이다.

제5장

무관심한 고객들

→ 앞으로 영상 콘텐츠 시장은
어떻게 될 것인가

'리퀴드 소비'로 설명되는 빨리 감기

2017년, 플로라 버디와 기아나 에커트라는 두 명의 영국 연구자들이 '리퀴드 소비Liquid consumption'라는 현대적인 소비 개념을 제창했다. 이는 2000년에 폴란드의 사회학자 지그문트 바우만Zygmunt Bauman이 발표한 『액체 현대』(필로소픽, 2022)를 기초로 한 것이다. 아오야마 가쿠인대학의 구보타 유키히코 교수(경영학부 마케팅학과)는 다음과 같이 설명한다.

> 바우만은 사회 전체가 안정적이고 지속적인 시스템에 따라 형성된 고체(솔리드) 상태에서 특정한 형태를 갖추지 않고 자유롭게 모습을 바꾸는 액체(리퀴드) 상태로 변화해왔다고 지적했는데 버디와 에커트는 소비에서도 이러한 변화가 생겨나고 있음을 지적했다. 과거 주류였던 안정적인 소비를 '솔리드 소비(고체적 소비)'라고 한다면 오늘날 보이는 유동적인 소비를 '리퀴드 소비(액체 상태의 소비)'라고 할 수 있다.

버디와 에커트는 리퀴드 소비의 특징으로 크게 세 가지를 들었다.

❶ 단명 - 주기가 짧다. 단시간에 다음 소비로, 또 다음 소비로 '이동'한다.

❷ 액세스 베이스 - 물건을 구입해서 소유하는 것이 아니라 일시적으로 사용 또는 이용할 수 있는 권리를 구입한다. 대여나 공유가 그러한 예다.

❸ 탈물질적 - 같은 정도의 기능을 얻을 때 물질을 덜 사용한다.

이제부터는 지금까지 이 책이 지적해온 빨리 감기, 건너뛰기, 스포일러가 습관화된 사람들을 리퀴드 소비의 측면에서 살펴보자.

1. 콘텐츠의 '단명'으로 이어지는 소비자의 행동

타이밍이 맞아 화제가 된 콘텐츠를 그 타이밍에 시청하지 않으면 이야기에 끼기 힘들다. 그러니 서둘러 시청한다. 관심이 오래 지속되지 않으므로 조금이라도 긴 장면은 빨리 감기, 건너뛰기를 한다. 노래도 시작 부분에 관심이 가지 않으면 후렴구까지 건너뛰거나 다음 곡으로 넘긴다. 다양한 콘텐츠가 손에 잡히는 대로 마구 소비된다.

2. 콘텐츠 소유가 아닌 구독

영상 구독 서비스는 소유가 아닌 일정 기간 시청할 권리를 사는 것이다. 소유권 이전이 아니므로 '챙겨서 봐야 한다는' 압박이나 의무감이 적다. 결과적으로 작품에 대한 애착이

점차 옅어지고 만든 이에 대해서도 무관심해진다.

3. 콘텐츠의 '탈물질적' 측면

앞의 내용과 마찬가지로 영상 구독 서비스가 불러온 영상 콘텐츠의 비소유화를 말한다. 물리 미디어를 통한 콘텐츠 소유를 피하는 경향이 가속화한다. Z세대의 특징인 소유욕이 낮다(물질적 소비보다 경험 소비)는 점과도 일치한다.

구보타 씨는 이런 점을 고려하여 많은 소비자가 '즉각적 만족'을 추구하게 되었고 '순간을 즐기기 위한 소비'가 두드러지게 되었다고 말한다. 이러한 소비를 실현하기 위해서는 콘텐츠가 빨리 쉽게 손에 들어와야 한다. 최단 시간, 최소의 노력으로 콘텐츠를 얻고, 싫으면 금방 탈출할 수 있어야 한다.

영상 구독 서비스와 디지털 기기가 이를 가능하게 한다. 보고 싶은 영화는 생각나는 대로 즉시 손가락 하나만 움직이면 볼 수 있고 지겨우면 가차 없이 정지할 수 있다. 정액제인 덕분에 시청을 중간에 포기해도 죄책감이 안 생긴다. 탈출하기 쉬운 셈이다.

참고로 틱톡이나 인스타그램의 릴스Reels는 1분 내외의 짧은 세로 영상인데 마치 책장을 넘기듯 클릭 동작으로 손쉽게 다음 영상을 볼 수 있다. 살짝 보고 관심이 안 생기면 바로 '다음'으로 넘어간다. '최단 시간, 최소의 노력으로 손에 넣고, 싫어지면 바로 탈출할 수 있도록 설계된' 셈이다.

◀◀

'안심'하는 것이 최대의 과제

▶▶

구보타 씨는 문맥에 따라(장면이나 상황에 맞춰) 제품을 조합해 가치를 제공하는 것이 리퀴드 소비의 니즈를 끌어내는 기술이라고 지적하는데 여기서도 빨리 감기와 패스트무비가 연상된다. 그들은 작가로부터 부여받은 모양 그대로로 만족하지 않는다. 좋게 말하면 "자기 취향대로 커스터마이징", 나쁘게 말하면 "만든 이의 의도를 무시하고 변조"하여 가치감을 최대로 키운다.

또한 리퀴드 소비에서는 '안심'이라는 감정도 중요한 포인트다. 소비자들은 구매 전 자신의 선택에 오류가 없음을 확증받기 원한다. 이를테면 누구나 좋다고 하는 제품이라면 안심하고 구매한다.

많은 사람이 추천하는 작품이라면 쉽게 좋은 평을 얻을 수 있다. 소통도 활발해진다. 그것이 커다란 마음의 평안을 낳는다. '아, 다행이다. 보길 잘했다.' 이 책에서 거듭 지적하는 '다수가 좋아하는 것을 봐두면 안심할 수 있는' 심리 말이다.

리퀴드 소비의 특징으로 구보타 씨는 '특정 브랜드에 집착하지 않기'와 '가성비가 높은 브랜드를 선호한다'는 점도 든다. 이는 콘텐츠를 '단명화'시키는 것인데 '특정 브랜드'를 감독으로 바꿔도 성립한다. 이를 두고 구보타 씨는 '좋아하는 작품'의 의미가 달라졌다고 이야기한다.

"예전에는 감독이나 아티스트 개인에게 주목했다. 그래서 감독의 행동이나 가치관에 관심을 가지고 인터뷰를 찾아 읽었다. 물론 작품을 감상할 때도 감독의 의도를 존중했다. 하지만 현대에 들어서 감독은 그저 끊임없이 계란을 만들어내는 닭과 같다."

그들은 닭이 가진 '맛있는 계란을 낳아주는 기능'과 '인간을 위해 매일 영양원을 공급해주는 시스템'을 사랑하는 것이지, 닭 자체를 좋아하지는 않는다. 극단적으로 말하면 그들이 디즈니나 지브리(브랜드)가 좋다고 말할 때 만족도가 높은 콘텐츠를 확실히 공급해주는 신뢰감을 이야기하는 것이지, 그것을 만들어낸 작가 개인에 대한 칭찬은 아니다. 둘은 비슷하면서도 다르다. 그들은 닭(감독)의 팬이 아니라 달걀(작품)을 고맙게 맛볼 뿐이다. "빨리 감기와 건너뛰기로 영상 작품을 어떻게 보든 모두 시청자의 자유"라고 주장하는 대학생은 그

근거에 대해 '생산자'라는 말을 사용해 설명하였다. "제작자가 보통 속도를 시청자에게 강요하는 것은 생산자가 소비자의 니즈에 답하지 못하고 일방적으로 제품을 생산하는 행위에 가깝다."

◀◀

타깃이 바뀌어야 한다

▶▶

리퀴드 소비의 수요가 많아지고, 특정 브랜드에 얽매이지 않는 소비자가 늘어나면 콘텐츠 제작자는 비즈니스에 관한 생각을 근본적으로 바꿔야 한다.

유료 음반과 음원, 콘서트 티켓 판매, 굿즈 매출은 팬으로부터 얻는 수익이다. 이런 수익을 얻으려면 팬이 아닌 이들이 유튜브 등에서 무료로 음원을 들을 수 있는 환경을 갖춰두고 그들의 마음을 사야 한다. 애플리케이션 비용 역시 마찬가지다. 전체 10퍼센트에도 미치지 않는 헤비 유저부터 높은 기능을 제공해주는 대가로 돈을 받고, 대부분의 라이트 유저에게는 무료로 간단한 기능만 제공한다. 이것이 2000년대 후반에 유행한 '프리미엄'의 내용이다.

하지만 리퀴드 소비자가 증가할수록 핵심 팬에게 지지를 받던 시스템에 결함이 생긴다. 대신 한 명이라도 많은 '일반인'에게 돈을 내게 하는 시스템이 필요해진다. 선거에 비유한다면 부동표가 폭발적으로 증가한 것과 같다. 정치에 관심도 지식도 없는 부동표를 획득하려면 누구나 이해할 수 있는 공약을 내걸어야 한다. 즉 앞으로 콘텐츠 제작자들은 '알아봐 주는 사람(코어 팬)에게만 전달되는 양질의 작품을 성실하게 만들기' 어려워진다. 만드는 사람은 기본적으로 늘 빨리 감기나 건너뛰기를 하는 사람들이 '주요 고객'임을 전제로 해야 한다. 즉 리퀴드 소비가 지배하는 세상에서는 '영화를 빨리 감기로 보는 사람들'을 무시하고 영화를 만들 수 없다.

　물론 다들 이런 현실을 반기지는 않는다. 실제로 바우만은 '리퀴드 모더니티'의 개념을 부정적인 의미로 사용하고 있으며 바디와 에커트 역시 이를 부정적으로 보고 있다. 하지만 리퀴드 소비든 빨리 감기 시청이든 그것들이 사람들 사이에서 습관이 되었다는 사실은 순순히 인정해야만 한다. 전기가 없었던 불편한 생활로 다시 돌아갈 수 없는 것과 동일하다. 빨리 감기라는 편리하고 합리적인 시청 스타일도 이제는 내려놓을 수 없는 것이리라.

　"핵무기와 같아요. 아무리 부정하려고 해도 이미 핵무기가 존재한다는 사실은 변하지 않잖아요. 이제는 핵무기가 존재한다는 조건에서 앞으로 어떻게 할지를 생각해야 해요."(구보타 씨)

'팬이 아닌 소비자'가 중시된다

'팬이 아닌 소비자'를 주요 고객으로 보는 방침은 영상 구독 서비스의 요금 체계에도 나타난다. 과거 비디오 대여점에서는 '신작은 비싸고 옛날 작품은 싼' 것이 일반적이었다. 신작을 빨리 보려면 추가 요금을 내야만 한다.

하지만 현재는 반드시 그렇지도 않다. 이를테면 아마존 프라임 비디오에서는 프라임 회원을 대상으로 최신 인기작을 빨리 마음껏 볼 수 있도록 설정한다. 반대로 개봉 후 시간이 많이 흐른 옛날 작품에 추가 요금을 지불해야 하는 경우도 많다. 즉 "신작은 싸고 옛날 작품은 비싸다". 비디오 대여점과 반대다.

왜 이런 일이 벌어지는가? 그것은 서비스 제공자 측이 라이트 유저, 즉 리퀴드 소비의 문맥상에서 '팬이 아닌 소비자'를 신규 회원으로 끌어들이고 싶어 하기 때문이다. 특히 영화나 드라마는 라이트 유저일수록 신작에 대한 수요가 높다. 반대로 영화 팬일수록 감독이나 장르 때문에 옛날 작품을 골라서 본다. 만약 핵심 팬, 여기서 말하는 영화 팬을 소중히 여긴다면 '신작은 비싸게, 옛날 작품은 싸게' 해야 한다.

하지만 월정액으로 운영되는 서비스에서 옛날 작품을 얼마나 많이 볼 수 있든 수익은 달라지지 않는다. 매출은 가입자 수로 결정되기 때문이다. 즉 기존의 영화 팬을 요금 면에서 우대하기보다는 '팬이 아닌 소비자'를 하나라도 더 많이 회원으로 만드는 편이 이득이다.

'팬이 아닌 소비자'가 왜 이렇게 늘어났을까? 콘텐츠가 너무 많아서 고르기가 겁나기 때문이다. 책의 처음으로 이야기가 되돌아가 버렸다. 컨설팅회사 액센추어가 2019년 6월에 발표한 「무관심해지는 소비자와 기업이 마주보는 법」이라는 리포트가 있다. 여기서는 "선진국에서는 30~40퍼센트의 소비자가 정보 수집을 하지 않은 채 제품 및 서비스를 구입한다. 소위 말하는 '무관심' 상태에 있다. 선진국 중에서도 일본

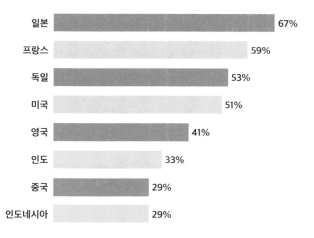

일본	67%
프랑스	59%
독일	53%
미국	51%
영국	41%
인도	33%
중국	29%
인도네시아	29%

표7 제품 및 서비스를 구입하기 전에 정보를 검토하지 않는 비율
☞ 액센추어의 보고서(2019년)에 기초해 작성.

은 특히 그런 경향이 강하다"고 분석되었다(표7).

　많은 사람이 무언가를 선택할 때 정보를 수집하는 시간과 노력을 줄이고 싶어 한다. 하지만 노력 없이 상품을 손에 넣을 수 있을지는 몰라도 그 상품 혹은 작품에 애착은 느끼기 어렵다. 제작자가 이를 어떻게 생각할지는 모를 일이다.

◀◀

영화 1편에 2시간은 너무 길다?

▶▶

앞서 이야기했듯이 2021년 3월에 20~69세의 남녀 중 30퍼센트, 20대 전체의 약 50퍼센트가 빨리 감기를 사용했다. 대상을 20세 내외로 좁힌 같은 해 12월의 아오야마 가쿠인대학 조사에서는 비율이 더 높아져 90퍼센트에 이르렀다. 젊은 세대일수록 빨리 감기 사용에 익숙하다. 즉 이 습관은 앞으로도 확실히 확대될 것이다. 눈앞의 현실을 마주하자. 영상 제작자는 앞으로 어떤 입장을 취하면 좋을까? 빨리 감기로 영상을 시청하는 건 '시간을 많이 들일 수 없다'라고 느끼기 때문이다. 그렇다면 작품의 길이가 짧아지면 빨리 감기나 건너뛰기는 덜 쓰게 될까?

　2016년에 중국에서 탄생하고 2018년 무렵부터 폭발적으로 유행한 틱톡은 영화처럼 스토리를 제공하는 미디어가 아니라는 점을 감안해도 '짧은 영상을 선호하는 경향'을 나타내기에 충분하다. 광고주나 모바일 애플리케이션 개발자를 위한 한 매체 자료에 의하면 틱톡 사용자의 약 50퍼센트가 "1분 이상의 영상은 스트레스"라고 답했다고 한다.

그렇지 않아도 늘 스마트폰 메시지에 즉각 반응해야 한다는 압박에 시달리는 젊은 세대에게 암흑 속에서 가만히 앉아서 일시 정지도, 빨리 감기도, 스마트폰 확인도 하지 못한 채 2시간을 보내야 하는 영화는 아무래도 장벽이 높다.

1931년부터 2013년까지 개봉한 영화의 상영 시간에 관한 조사에 따르면 매년 인기작 상위 25개 작품의 평균 상영 시간은 1960년대부터 1990년대 중반까지는 110~120분으로 그리 변화가 없고, 2000년 이후는 오히려 120분을 살짝 넘는 쪽으로 추이되었다. 2014년 이후로도 그 수준에서 큰 변화는 없을 것이다. 즉 영화 한 편에 두 시간이라는 '상식'은 정착된 지 적어도 60년이라는 시간이 흘렀음에도 아직 당연한 것처럼 유통되고 있다.

60년 동안 사람들의 생활은 크게 달라졌다. 여가 시간의 사용 방법도 변했다. 오락의 종류는 상당히 늘어났다. 그런데 영화는 60년 전 그대로다. 영화보다 훨씬 긴 역사를 가진 오페라나 가부키 등의 공연 시간은 대개 영화보다도 길다. 3시간, 4시간, 때로는 6시간이 넘는 오페라도 있다. 하지만 현재 오페라나 가부키 관람 인구는 영화 관람 인구만큼 많지 않다. '특별한 취미'라고 할 수 있다. 이대로 큰 변화가 없다면 영화도 언젠가 '특별한 취미'가 되지 않을까?

유튜브 편집 영상(긴 유튜브 영상의 일부 장면을 잘라내어 재편집한 영상)을 보는 이가 많은 것도 짧은 영상을 원하는 사람이 많다는 증거다. 아무리 내용이 좋아도 2시간씩 들여서 소비해야 한다면 부담스러운 게 요즘 세대의 감각이다.

굳이 패스트무비를 거론하지 않아도 무언가 내용은 좋지만 길어서 별로였던 경험은 누구에게나 있을 것이다. 교장 선생님의 조례 훈화, 회의에서 자료를 끝없이 읽어 내려가는 상사, 결혼식의 긴 주례사 등등….

현대인은 모두들 바쁘다. 게다가 노동 시간이 늘어난 데 비해 수입은 제자리다. 매일같이 육아와 돌봄에 많은 시간을 쓰는 부부, 새벽까지 바쁘게 일하는 직장인, 수업과 과제에 더해 아르바이트까지 하는 대학생…. 그들이 2시간짜리 영화를 한 번도 중단하지 않고 느긋하게 시청할 수 있는 시간을 내기란 얼마나 어려운 일인가? 십수 회차에 달하는 연속 드라마는 더욱 그러하다.

아마존의 전자책 애플리케이션인 '킨들Kindle'에는 이전까지 페이지를 넘긴 속도에 근거해 종료할 때까지의 예상 시간을 표시해주는 기능이 있다. 현대인은 눈앞의 콘텐츠에 자신이 얼마만큼의 시간을 들여야 할지에 민감하다.

▶ ▶▶ ▶|

길이뿐만 아니라 작품이 시류를 따라야 한다는 목소리도 자주 듣는다. 다음은 아오야마 가쿠인대학에서 수업 후 필자에게 제출한 학생들의 리포트에 적힌 의견이다.

"제작자들은 시청자가 빨리 감기나 건너뛰기를 한다는 인식하에 작품을 만들어야 한다."

각본가인 고바야시 씨도 현실과 마주한다.

"만약 빨리 감기를 하거나 건너뛰면서 보는 사람이 이미 상당수라면 우리가 시나리오 작성법이나 구성에 관한 생각을 바꿔야겠죠."

우선은 연속 드라마의 회차 건너뛰기에 대한 대책이다. OTT 오리지널 드라마는 전체 회차가 일괄적으로 공개되는 경우가 많다. 즉 1회부터 끝까지 한 번에 발표된다. 전개가 조금이라도 늘어진다 싶으면 가차 없이 마지막 회를 재생할 수 있다.

"그러니까 숨 쉴 틈도 없이 전체를 단번에 보여주는 구성을 취해야 회차별로 건너뛰면서 볼 가능성이 줄어들 겁니다."(고바야시 씨)

이런 작품을 주말에 여러 편 혹은 전편을 몰아서 보는 사용자가 적지 않다. 회차 단위로 크게 완급을 주면 시청자는

'완'에서 이탈해버린다. 그런 면에서 제1회에서 시청자를 '사로잡는 임팩트'가 중요하다. 후렴구로 시작하는 가요가 인기를 끌듯이 제1회의 시작 부분에 가장 중요한 볼거리를 가져와야 한다.

"시작부터 갑자기 사건이 터지는 것처럼 이해하기 쉬운 장면을 만들어야죠. 주인공에 관한 정보도 아끼지 말고 일찍부터 확실히 보여주는 겁니다. 몇 회가 지나서야 주인공이 어떤 인물인지 알려주는 방법도 있기는 하지만 요즘에는 그런 작품을 계속 봐줄 사람이 없을 것 같아요."(고바야시 씨)

◀◀

《이태원 클라쓰》의 구성

▶▶

처음부터 관심을 끌 만한 장면을 보여주고 그 후 시간을 거슬러 올라가 '왜 이렇게 되었는지' 그려주는 방법도 있다. 시작 장면에서 빠져든 시청자는 적어도 해당 장면이 나올 때까지는 시청을 관두지 않는다.

한국 드라마 《이태원 클라쓰》가 딱 그랬다. 1회의 첫 부분에 여주인공인 이서가 클리닉에서 상담을 받고 약간의 소동을 부린다. 시청자는 이 소녀에게 흥미를 느끼게 되는데 그다음 이서가 본편에 등장하는 것은 3회부터다. 즉 이서에게 흥미를 느낀 시청자가 이서를 만나려면 적어도 두 회차는 봐야 하게끔 장치를 만든 셈이다. 제3장에서 언급한 "처음부터 하이라이트를 예고처럼 보여주는 TV나 유튜브의 버라이어티 프로그램"과 같은 방식이다.

앞으로 이야기가 어떻게 될지를 예측할 수 없는 전개는 위험하다. 착지점을 처음부터 보여주고 시청자를 안심시켜야 한다. 《이태원 클라쓰》의 경우 '아버지를 살해한 권력자에게 복수하는 이야기'라는 명쾌한 결말이 초기에 제시되므로 관객은 언젠가 찾아올 그 카타르시스를 계속 기대하면서 안심하고 스토리를 즐긴다.

◀◀

관객의 입맛대로 즐기는 작품

▶▶

제4장에서 사토 씨가 앞으로의 작품 제작법 예시로 든 '오픈 월드'는 게임에서 빌려온 개념이었다. 그는 "광대한 세계관을 준비해두는 겁니다. 깊이 파려면 얼마든지 깊이 팔 수 있고 그렇게 하지 않아도 게임을 즐길 수 있게요. 어떤 수준으로 그 세계를 체험할지는 플레이어의 자유예요"라고 한다. 프로 관객과 해당 분야에 지식이 많지 않은 소비자가 모두 만족할 수 있는 세계, 깊이 있는 구조를 가진 영상 작품 말이다.

한 40대 여성 각본가도 같은 결론에 도달했다. "독해력이 낮은 시청자도 즐길 수 있는 동시에 깊이 있는 스토리를 즐기고 싶은 사용자도 납득할 만한 다층적인 구조를 지향합니다. 행간에 숨은 뜻을 이해하지 못해도 즐길 수 있게 구성하는 거죠"라고 말한다.

게임 분야에서 또 하나 주목해야 할 세계관이 있다. '게임 실황 문화'다. 실황이란 플레이어가 게임을 하면서 그 모습을 유튜브와 각종 스트리밍 사이트에서 보여주는 행위를 말한다. 일본에서는 2010년 무렵부터 활발해졌고 유명 유튜버도 다수 배출하였다.

중요한 것은 시청자가 게임을 하지 않으면서도 즐길 수 있다는 점이다. 비디오 게임은 기본적으로 '직접 플레이하는 오락'이지만 게임 실황 시청자는 플레이를 지켜보며 유려한 말솜씨를 듣는 데서 만족한다. 그런 의미에서는 스포츠나 e스포츠의 관객과 같다. 스스로 경기에 참여하지는 않지만 경기를 보면서 즐기는 것이다. 영상 시청에도 같은 세계관을 적용할 수 있지 않을까?

작품을 주체적으로 감상하고 해석하는 것은 '프로'에게 맡기고, '소비자'들은 프로의 해석과 고찰을 들으면서 작품을 즐기면 어떨까? 시청하기 전에 스포일러 사이트, 리뷰 사이트를 읽어보고 '정답을 알고 싶어 하는' 이들이 이러한 시청자에 해당한다. 그들은 작품 감상자가 아니라 오히려 콘텐츠 소비자로서 적극적인 자세를 보여준다.

게임 실황 영상에는 구입하려는 게임이 재미있는지를 알려주는 기능이 있다. 실제 그 목적으로 보는 시청자도 적지 않다. 게임 회사들은 자사의 게임이 조금이라도 많은 영상으로 올라오기를 바란다. 공짜로 홍보를 해주는 것과 다르지 않으니 말이다. 즉 게임 실황 문화는 게임회사(판매 촉진), 게임 실황자(시청 횟수 증가), 시청자(살지 말지 판단)의 바람을 모두 만족시키는 '윈-윈-윈WIN-WIN-WIN'게임이다.

　그렇게 생각하면 영화 회사가 공식적으로 영상 소재를 유튜버에게 빌려주고 일정한 규칙을 따라 그 소재를 자유롭게 편집할 수 있도록 하는 것도 홍보에 도움이 될 수 있다. 제작사(홍보, 관객 동원), 유튜버(시청 횟수 증가), 관객(볼지 말지 판단)이 게임 실황과 마찬가지로 각각의 목적을 이루고 '윈-윈-윈'의 관계를 구축할 수 있다.

　물론 중요 스포일러 발설 금지 조항, 출시일과 업로드 기간 준수 여부, 빌려준 소재를 유출하지 않는 시스템, 해외 작품의 경우 어떻게 본국의 허가를 받을지 등 해결해야 할 문제는 많다. 당연하지만 대강 "이야기를 알았으니 굳이 영화관에서 볼 필요가 없다"라는 사람들도 있을 것이다. 하지만 "줄거리나 결말을 알고 본편을 봐도 상관없다"라는 사람들이 일정 수 이상을 차지하는 세상이라면 이야기가 다르다.

　이를테면 요리의 간을 보는 것과 같다. 조금씩 전체 요리를 맛본 후에 그 코스를 주문하는 것이다. 이왕 먹는 코스 요리에 맛이 없는 것은 안 올라왔으면 하는 마음과 휴일을 이용해 비싼 돈을 내고 보러 가는 영화가 재미있기를 바라는 마음은 얼마나 다른 걸까?

◀◀

단위 시간당 정보 처리 능력이 높은 사람들

▶▶

빨리 감기에 회의적인 이들은 "빨리 감기를 하면서 내용을 잘 이해할 수 있는가?"라며 비판하는 한편, 빨리 감기에 적극적인 이들은 "충분히 이해할 수 있고 여기에 익숙해지면 보통 속도가 슬로모션처럼 느껴져 기분이 별로다"라고 반격한다. 빨리 감기에 대응할 수 있는 사람이 그렇지 않은 사람에 비해 단위 시간당 정보 처리 능력이 높은 걸까?

　영상 작품, 그중에서도 엔터테인먼트 작품은 역사적으로 단위 시간당 전달하고자 하는 시각 정보의 양을 기하급수적으로 늘려왔다. 소위 말하는 상업영화, 예를 들어 《어벤져스》 시리즈와 1980년대 무렵의 대중 오락 영화를 비교해 보면 일목요연하게 알 수 있다. 촬영 기술, 그중에서도 특수 촬영과 VFX_{Visual Effects}의 진화로 화면에 그려지는 그림의 밀도가 크게 향상되었다. 단 몇 초 안에 여러 폭발이 일어나고 건물이 넘어지면서 수많은 사람이 동시에 날아간다. 카메라는 빠르게 이동하면서 그 상황을 빠짐 없이 포착한다. CG 작업을 통해 섬광이나 벽돌, 먼지와 연기 등이 수없이 그려지고 공기와 빛의 흔들림이 화면을 가득 채운다. 처음 볼 때는 사방의 정보를 모두 인식하는 것조차 어렵다. 그런 장면이 롤러코스터처럼 계속해서 제시된다.

연배가 있는 사람 중에는 '요즘 영화는 어수선하고 소란스럽다'라고 느끼는 사람도 있을 것이다. 하지만 지금은 그것이 표준이다. 홍수 같은 화면 내의 정보량과 한순간도 질릴 새 없는 빠른 전개에 익숙해지면 움직임이 적은 화면이나 느린 전개를 참지 못하게 된다. 즉 빨리 감기에 익숙해진 사람들은 그렇지 않은 이들에 비해 단위 시간당 정보 제공량이 적은 콘텐츠를 지루하게 느낀다. 그 지루함을 해소하려면 속도를 스스로 높이는 수밖에 없다.

아오야마 가쿠인대학의 조사에서 가장 빨리 감기를 많이 하는 영상 장르가 '대학 강의'였다. 그 이유로 "효율적"이라는 대답과 더불어 눈에 띈 것이 "그편이 오히려 집중이 잘 된다"였다. 사실 대학 교수 중에는 말이 빠른 사람이 많고 수업도 상당히 속도감이 있다. 그런데도 빨리 감기에 익숙해진 대학생들은 실제로 인간이 말하는 속도가 굼뜨다고 느낀다. 그 차이를 빨리 감기 기능이 메워주는 셈이다.

아베마에는 뉴스 영상이 처음부터 1.5배속으로 제공되는 '아베마 배속 뉴스'라는 프로그램이 있다. 유튜브에는 처음부터 "이 영상은 빨리 감기로도 시청할 수 있습니다" 하고 안내해주는 영상도 있다.

젊은 층의 단위 시간당 정보 처리 능력이 높아졌다는 점에 대해서는 2010년대 초부터 매년 취직 사이트에서 다양한 기업의 신입사원을 인터뷰하는 60대 베테랑 작가도 동의한다. "10년 전과 지금 신입사원은 대화 자체가 달라요."

최근 10년은 유튜브와 OTT가 보급되면서 '저렴하게 시청 가능한 영상 콘텐츠'가 폭발적으로 늘어났다. 그 후 최근 2, 3년 사이에 빨리 감기 시청과 숏폼을 통한 짧은 동영상의 대량 소비가 습관화되었다.

앞에서도 보았듯이 그들이 매일 대량의 정보와 스토리를 섭취한 나머지 피로감을 느끼는 것은 사실이나 한편으로는 단시간에 대량의 정보를 처리해야 하는 상황에 놓임으로써 단위 시간당 정보 처리 능력이 향상되었다. 이는 "빨리 감기로 보면 작품의 디테일한 부분까지 이해하지 못하는 건 아닌가?" 하는 의문에 대한 반대 근거가 될지도 모르겠다. 물론 정보 처리 능력과 작품의 감상 능력은 별개다. 하지만 그들이 빨리 감기를 하지 않는 시청자와 전혀 다른 처리 속도로 영상을 보고 있을 가능성도 부정할 수는 없다. 영상을 만드는 사람은 앞으로 더욱 이 사실과 마주하게 될 것이다.

주로 미취학 여자아이를 대상으로 한 '프리큐어' 시리즈라는 TV 애니메이션이 있다. 2004년에 방영되기 시작하여 1년마다 주인공을 바꾸며 2022년 현재도 방영 중인 인기 작품이다. 여자아이들은 일정 연령이 되면 그해에 방영되는 '프리큐어'에 열중하고 대다수가 2~3년 정도면 시리즈와 작별한다.

고바야시 씨는 총 세 편의 '프리큐어' 각본팀에 참여했다. 2011~2012년 방영된 《스위트 프리큐어》, 2012~2013년 방영된 《스마일 프리큐어》, 2019~2020년 방영된 《스타 트윙클 프리큐어》다.

"《스타 트윙클 프리큐어》로 7년 만에 '프리큐어'에 다시 참여하게 되었을 때 시리즈를 줄곧 맡아온 선배 각본가가 말하더군요. 7년 전보다 각본이 복잡해졌다고요. 실제로 현장에 가보니 그랬습니다. 중간에 등장하는 캐릭터와 주인공 간의 관계 묘사나 완구로 만들어질 아이템 등 시나리오로 설명해야 할 정보가 7년 전보다 훨씬 늘어났어요."

스폰서 기업이 출시하는 완구와의 연동성을 높여 수입을 올리려는 목적이 있는 것도 분명하나 중요한 것은 아이들이 고밀도의 정보에 '익숙하다'라는 사실이다.

"게다가 초대 '프리큐어'의 시청 연령은 초등학교 고학년

이었던 데 비해 지금 '프리큐어'의 주요 타깃은 만 세 살부터 여섯 살까지예요."

정보량은 늘어났는데 시청 연령대는 낮아졌다. 즉 '프리큐어' 시청자에 국한해 말하자면 만 3세부터 6세는 약 20년 전 초등학생보다 훨씬 높은 정보 처리 능력을 요구받는 동시에 그에 부응하고 있는 셈이다. 마찬가지로 어린이용 애니메이션으로 고바야시 씨가 각본에 참여한 《이상한 과자가게 전천당》은 1회당 본편이 고작 7분밖에 안 된다.

"매회 다른 주인공의 시점으로 이야기가 전개되니까 어떻게든 정보를 꾹꾹 눌러 담죠. 첫 장면에서 이 사람이 어떤 인물이고, 어떤 고민이 있는지 알려준 후 그게 설명처럼 느껴지지 않도록 이야기를 만들어요. 빨리 감기나 건너뛰기를 할 틈이 없을 정도로 정보가 꽉 차 있어요."

◀◀

스마트폰과 태블릿의 '1인 관람'이 빨리 감기를 부른다

▶▶

현재 영상 시청 환경은 PC와 스마트폰이라는 디지털 기기의 진화와 다양화를 빼고는 논할 수 없다. 적어도 2000년대까지는 영화나 드라마를 TV 모니터로 보아야 했다. PC로 보는 것을 전제로 한 서비스가 2000년대 후반에 정착되었지만 PC로 긴 영화나 드라마를 보는 사람은 그리 많지 않았다. PC를 비

롯한 디지털 기기의 저해상도, 작은 화면 그리고 볼 수 있는 작품 수의 제한과 비싼 요금 등이 장애물이었다. 결국 대여점에서 DVD를 빌려와야 훨씬 많은 작품을 싸게, 깨끗한 화면과 소리로 즐길 수 있었다.

하지만 2010년대에 들어서자 시청 양상이 달라진다. PC 화면이 커지고 화질도 좋아지자 드디어 TV 외의 기기로도 영상 작품을 보는 습관이 만들어졌다. 게다가 스마트폰 화면이 해마다 커지고 날이 갈수록 진보하여 화질이 더욱 좋아지자 스마트폰으로도 편하게 영상 작품을 감상할 수 있게 되었다.

이렇게 환경이 갖춰지자 온라인 동영상 서비스가 앞다투어 시장에 입하였다. 결과적으로 볼 수 있는 작품 수가 늘어나고 요금은 낮아졌으며 여기에 무선 인터넷의 보급으로 회선 속도 문제도 순식간에 해소되었다. OTT 이용자가 늘어나기 시작하면서 빨리 감기 시청이나 건너뛰기의 기술적 토양이 서서히 마련되었다.

2010년대에는 '젊은 층의 TV 기피' 현상이 급속도로 진행되었다. 이제는 TV 없이 혼자 사는 대학생이 드물지 않고, 부모님과 함께 사는 집에 TV가 있어도 "정말 보고 싶은 건 내 방 PC나 스마트폰으로 본다"라는 젊은이가 늘어났다. 앞에 등장한 A 씨(여성, 대학교 4학년)는 아이패드로 영화나 드라마를 본다. "거실에는 가족들이 있으니 내가 보고 싶은 작품을 보는 게 살짝 부끄러울 때도 있어요."

J 씨(여성, 대학교 2학년)도 부모님과 함께 산다. "TV로 볼 때도 있지만 혼자 있을 때만이에요. 기본적으로는 제 방에서 노트북을 모니터에 연결해서 보죠." 특히, 브라우저 탭을 10개씩 열어두고 보는 D 씨(남성, 대학교 3학년)는 시청 스타일상 PC로만 영상을 볼 수 있다.

이렇게 생각하면 빨리 감기나 10초 건너뛰기라는 시청 스타일은 TV보다는 개인 PC와 태블릿, 스마트폰이라는 단독 시청을 전제로 한 디지털 기기에 적합하다. 어디서 빨리 감기 혹은 건너뛰기를 할지는 사람마다 다르다. 즉 거실에서 여러 사람과 함께 영상을 볼 때는 재생 속도를 특정한 사람에 맞춰 세세하게 조절하기 힘들다. 또한 빨리 감기나 건너뛰기 등의 기능은 TV보다도 디지털 기기에 훨씬 잘 되어 있다.

이를테면 넷플릭스의 경우 PC, 태블릿, 스마트폰은 0.5배속~1.5배속까지 0.25배 단위로 재생 속도를 조절할 수 있지만 TV로 볼 때는 그 기능이 없다. 빨리 감기 실태의 설문 조사 대상자(대부분 대학생) 중에서 거실 TV를 영상 시청에 주로 이용하는 사람은 전체의 10퍼센트도 되지 않았다.

실제로 영상 작품을 디지털 기기로 보는 습관이 가속화되고 있다. 하쿠호도 DY미디어 파트너즈 환경연구소가 2021년 7월에 발표한 리포트에 따르면 도쿄 지역의 미디어 총 접속 시간은 2021년 PC, 태블릿, 스마트폰 등의 개인 소유 디지털 기기의 점유율이 55.2퍼센트로 과반수를 차지했고,

TV, 라디오, 신문/잡지의 합계를 넘어섰다(표8). 그중에서도 20대가 단연 두드러졌고 20대 남성의 PC, 태블릿, 휴대전화/스마트폰 접속 시간은 75.9퍼센트, 20대 여성은 71.1퍼센트의 점유율을 보였다(표9).

◀◀

Z세대의 해방일지

▶▶

이 책은 지금까지 영상 시청에 있어 빨리 감기, 건너뛰기라는 습관이 현대 사회에 나타난 이유와 배경을 다양한 각도에서 고찰해왔다.

그 기저에는 ❶ 영상 작품의 공급 과다, ❷ 바쁜 현대인의 시간 가성비 지향, ❸ 대사로 모든 것을 설명하는 영상 작품의 증가라는 세 가지 이유가 있었다.

❶의 배경에는 영상 공급 미디어의 다양화 및 증가가 있었다. ❷의 배경에는 SNS로 공감을 강요당하고 '개성이 없으면 살아남지 못한다'고 생각하며, 실패를 두려워하는 현 세대의 특징이 있었다. ❸의 배경에는 '얕은 감상'이 많아지면서 '알기 쉬운 것'이 추구되는 흐름이 있었다. 이러한 배경에서 두드러지는 공통점은 말할 것도 없이 인터넷의 발전과 보급이다. 앞서 말했듯이 2000년대부터 빨리 감기를 위한 기술적 토양이 서서히 정비되어 온 셈이다.

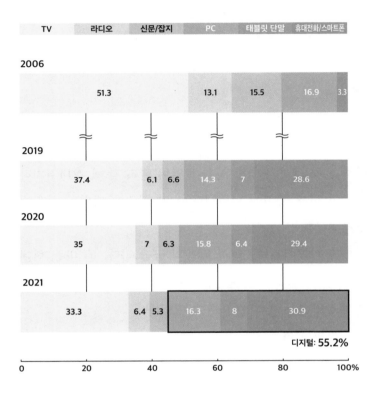

| | TV | 라디오 | 신문/잡지 | PC | 태블릿 단말 | 휴대전화/스마트폰 |

2006

| 51.3 | 13.1 | 15.5 | 16.9 | 3.3 |

2019

| 37.4 | 6.1 | 6.6 | 14.3 | 7 | 28.6 |

2020

| 35 | 7 | 6.3 | 15.8 | 6.4 | 29.4 |

2021

| 33.3 | 6.4 | 5.3 | 16.3 | 8 | 30.9 |

디지털: **55.2%**

0   20   40   60   80   100%

표8 미디어 총 접속 시간 비율 추이(도쿄)

☞ 1일당/주 평균

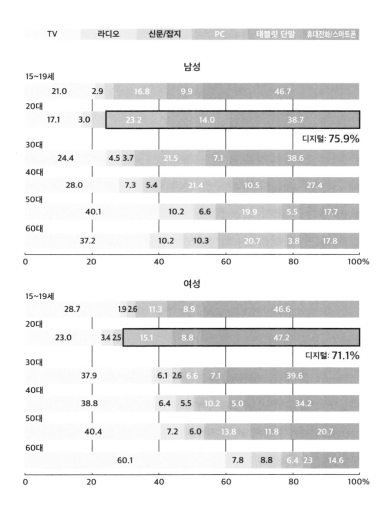

TV　　　라디오　　　신문/잡지　　　PC　　　태블릿 단말　　휴대전화/스마트폰

남성

15~19세
21.0 2.9 16.8 9.9 46.7

20대
17.1 3.0 23.2 14.0 38.7
디지털: **75.9%**

30대
24.4 4.5 3.7 21.5 7.1 38.6

40대
28.0 7.3 5.4 21.4 10.5 27.4

50대
40.1 10.2 6.6 19.9 5.5 17.7

60대
37.2 10.2 10.3 20.7 3.8 17.8

0　　　20　　　40　　　60　　　80　　　100%

여성

15~19세
28.7 1.9 2.6 11.3 8.9 46.6

20대
23.0 3.4 2.5 15.1 8.8 47.2
디지털: **71.1%**

30대
37.9 6.1 2.6 6.6 7.1 39.6

40대
38.8 6.4 5.5 10.2 5.0 34.2

50대
40.4 7.2 6.0 13.8 11.8 20.7

60대
60.1 7.8 8.8 6.4 2.3 14.6

0　　　20　　　40　　　60　　　80　　　100%

표9 성별 및 연령대별 미디어 총 접속 시간 비율 (도쿄/2021년)
☞ 표8과 더불어 하쿠호도 DY미디어 파트너즈 미디어 환경연구소에서 작성.

돌이켜보면 영상 시청의 역사는 늘 기술의 진보와 나란히 달려왔다. 과거 영상 작품은 '상영 시간에 맞춰 영화관에 가서 보는' 것이었다. 그 후, TV의 보급으로 굳이 영화관에 가지 않아도 영상을 볼 수 있게 되었다. 다만 TV 프로그램이 방영되는 시간에 사람이 맞춰야만 했다. 이를 해소시켜 준 것이 바로 비디오다. 가정용 비디오가 등장한 것은 1970년대 후반, 일반 가정에 보급되기 시작한 것은 1980년대 중반의 일이다. 이로써 인류는 영상 작품을 개인이 원하는 시간에 볼 수 있게 되었을 뿐만 아니라 시청 경험을 생각하는 대로 '통제'할 수 있게 되었다. 임의의 장면에서 일시 정지를 하거나 원하는 장면까지 빨리 감기로 볼 수 있게 된 것이다.

이윽고 '빨리 감기 중에도 음성을 들을 수 있는' 상품이 등장한다. 그때까지는 재생 중에 빨리 감기를 하면 속도가 너무 빨라서 음성을 제대로 듣지 못했기에 이는 획기적인 진보였다. 그 기능은 1990년대 후반 이후에 등장한 DVD플레이어와 2000년대 초반에 비약적으로 보급된 하드 디스크 레코더에도 계승되었다.

2000년대 후반에는 온라인 동영상 서비스ᴏᴛᴛ가 등장했다. 물리적 미디어의 유통(주로 DVD 대여)이라는 번거로움을 배제하고 시청에 필요한 대가를 대폭 줄이는 데 성공하였다. 이 서비스 회사들은 2010년 후반 이후에 빨리 감기와 건너뛰기 기능을 차례로 추가하기 시작했다.

기술은 어느 시대든 인간이 더 쾌적하게 생활할 수 있는 수단으로 존재해왔다. 기술은 '편하고 싶다'는 영원 불멸의 희망을 실현시켜왔다. 18세기부터 19세기에 걸쳐 일어난 산업혁명, 20세에서 21세기에 걸친 IT혁명 모두 사람들을 편하게 만들어주는 혁명이었다.

영상을 보는 행위도 마찬가지다. 영상을 보면서 얻는 쾌적함을 '불쾌한 제약으로부터의 해방'으로 바꿔 말할 수 있다면 인류의 영상 시청의 역사는 표10처럼 정리할 수 있다. 19세기 말, 프랑스의 뤼미에르 형제에 의해 영상을 유료로 상영하는 세계 최초의 영화관이 탄생한 이후, 우리는 100여 년을 들여 비로소 영상을 보는 데 '장소와 시간, 물리적, 금전적 제약'을 걷어냈다.

◀◀

빨리 감기에 쌍심지를 켜던 사람이 있었대

▶▶

영상을 자신이 생각하는 대로 '편하게' 보는 행위, 즉 빨리 감기나 건너뛰기라는 현대인의 습관은 문명의 진화에 따른 필연이다. 이에 여전히 거부감이 드는 사람도 있을 것이다. 작품은 만든 이가 발표한 형태, '원형의 상태'로 감상해야 한다고 말이다.

하지만 애당초 우리는 작품을 엄밀한 의미의 '원형의 상

19세기 말~
'영상'은 영화관에서만 볼 수 있다

▼

1950년대~
가정의 TV로 볼 수 있는 '장소적 제약으로부터의 해방'

▼

1980년대~
비디오와 DVD로 볼 수 있는 '시간적 제약으로부터의 해방 1'

▼

2000년대 후반~
영상 배급을 통해 볼 수 있는 '물리적, 금전적 제약으로부터의 해방'

▼

2010년대 후반~
빨리 감기 시청, 건너뛰기 기능의 추가로 인한
'시간적 제약으로부터의 해방 2'

표10 '제약으로부터 해방'의 도착지인 빨리 감기 시청과 건너뛰기.

태'로 감상하고 있지는 않다. 이를테면 영화관에서 보는 것을 전제로 만들어진 영화를 TV 모니터로 시청하면 화면 사이즈는 작아지고 음향은 빈약해진다. 때에 따라서는 화면의 비율조차 바뀌어 스크린에서는 보이던 화면이 보이지 않기도 한다. 가정용 비디오의 등장으로 영화를 쉽게 볼 수 있게 되었을 때 "저런 작은 화면으로 영화를 봤다고 할 수 없다"라며 크게 반감을 표시한 영화 팬이나 영화 관계자가 많았다.

영화관이라는 '비일상적' 문화 자체를 좋아하는 사람들은 비디오를 통한 영화 감상을 도저히 인정할 수 없었다. TV는 일상 그 자체인 집의 거실에 놓여 있다. 화장실에 갈 때마다 일시 정지를 할 수 있는 '비디오 감상' 체험은 진정한 영화 경험과는 닮은 듯 닮지 않았다.

더 이야기하자면 외국 작품을 자막이나 더빙으로 보는 경우 "원형을 감상하고 있다"라고 말할 수 있을까? 어떤 언어의 어떤 표현을 완벽한 뉘앙스로 다른 언어로 치환하는 것이 원리적으로 불가능한 이상, 자막이나 더빙은 '우리에게 편한 상태로 보기 위한 행위'가 아닌가?

레코드가 등장하고 얼마 되지 않았을 때도 이런 이야기가 있었다. 일본 음악 평론의 개척자적인 존재인 오다 구로모토는 일본에서 레코드 수요가 급격히 확대되었을 때 축음기로 듣는 레코드 음악은 '통조림 음악'이라고 잘라 말했다. 진정한 음악 감상은 살아 있는 연주를 듣는 것이지, 기계를 통해 듣는 것이 아니다. 이런 맥락에서 접시에 담긴 제대로 된 요리와는 거리가 멀다는 의미로 '통조림'에 비유한 것이다.

　다만 이러한 변화는 오히려 작품의 공급자 측(영화 제작사 등)이 주도해서 진행해왔음을 잊어서는 안 된다. 그래야만 비즈니스 기회가 확대되고 감독과 배우, 스태프를 포함한 제작진이 그 경제적인 이득을 누릴 수 있기 때문이다. 영화관에서 상영할 뿐 아니라 텔레비전 방영권, 영상 배급권 등을 판매하는 편이 돈을 더 많이 벌 수 있다.

　영상 배급사일 뿐만 아니라 제작사이기도 한 넷플릭스나 아마존 혹은 TV 방송국이 빨리 감기나 건너뛰기 기능을 자사 서비스에 추가한 것도 역시 '원형이 아닌 형태의 감상'에 대한 적극적인 제안이다. 왜 그랬을까? 상당한 수의 관객이 이를 원하기 때문이다. 그 요청에 부응하는 편이 비즈니스 기회를 넓힌다.

　이 책의 머리 부분에서는 빨리 감기로 영상을 시청하는 데 부정적인 의견을 드러냈다. 그 대부분의 동기가 '시간 단축', '효율화', '편리 추구'라는 지극히 실리적인 이유였기 때문이다. 이는 작품을(혹은 콘텐츠를) 감상하는(혹은 소비하는) 이유가 될 수 없다고 말이다.

　하지만 레코드나 비디오, DVD 또한 "집에서도 볼(들을) 수 있다", "원하는 타이밍에 몇 번이고 시청할 수 있다"라는 극히 실리적인 특성을 바탕으로 존재해왔다. 레코드 회사나 영화사, DVD 제작사도 비즈니스 기회 확대라는 더없는 실리적인 동기로 이를 추진해왔다. 즉, 레코드나 비디오, DVD를 통한 시청도 "실리적인 목적을 위해 원형의 상태로 감상하지 않는 것을 허용한다"라는 의미에서 빨리 감기나 건너뛰기와 다를 바가 없다. 만약 그것을 부정적으로 여기지 않고 '작품 감상의 한 가지 방법'으로 인정한다면 빨리 감기나 건너뛰기도 '작품 감상의 한 가지 방법'으로 인정해야 하지 않을까?

우리 사회에서는 새로운 미디어나 디지털 기기가 등장할 때마다 기존 지식인들이 불쾌감을 표현하는 역사가 되풀이되었다. 지금은 '예술'이라고 불리는 영화도 등장했을 당시에는 '예술이 될 수 없는 것'으로 취급받았다. 라디오 방송이 시작되고도 몇 년 동안은 라디오를 듣지 않는 것이 교양 있는 사람들의 태도로 여겨졌다. 일본 최초의 TV 방송이 시작되고 4년 후인 1957년, 당시를 대표하는 저널리스트이자 사회평론가인 오야 소이치는 책과는 달리 수동적으로 바라보기만 하는 TV는 인간의 상상력과 사고력을 저하시켜 '바보로 만든다'는 의미를 담아 '총인구 백치화'라는 유행어를 만들어내기도 했다.

PC와 인터넷이 등장했을 때도 이러한 거부감과 혐오감을 나타내는 지식인이 많았다. 2000년 초반에는 "인터넷은 긴 글을 정독하는 데 적합하지 않다"라며 기사를 전부 프린트해서 읽는 사람들이 많았고, 2010년 무렵조차 "작은 화면으로 보는 영화는 본 축에 끼지 못한다"라며 불쾌감을 드러내는 영화 팬이 있었다. 또한 전자책과 오디오북이 이 정도로 판매고를 올릴 줄은 예측하지 못했다. 그 둘에 대해 "책을 읽는 체험으로는 기존의 방법에 비해 현저히 뒤처진다"라며 인색한 평가를 하던 애서가들이 많았다.

　시대를 막론하고 새로운 방법이란 출현 후 얼마간은 비바람을 맞기 마련이다. 지금 빨리 감기나 건너뛰기라는 새로운 방법은 제작자로부터 쉬이 환영받지 못한다. 기존의 지식인들로부터는 비난의 목소리도 높다.

　하지만 집에서 레코드를 듣거나 영화를 비디오로 보는 행위가 비즈니스 기회의 확대라는 대의에 눌려 허용되었듯이 빨리 감기와 건너뛰기라는 시청 습관도 언젠가 많은 이에게 허용되는 날이 올지도 모른다. 지금 우리는 "옛날에 레코드 같은 건 진짜 음악 축에 끼지 못한다며 쌍심지를 켜던 사람이 있었대"라며 웃는다. 하지만 우리가 그리 멀지 않은 미래에 웃음을 당하는 쪽이 될지도 모르겠다. "옛날에는 빨리 감기에 대해 일일이 쌍심지를 켜는 사람이 있었대" 하고.

이 책은 2021년 3월 29일에 비즈니스 사이트 '현대 비즈니스'에 필자가 집필한 「영화를 빨리 감기로 보는 사람들'의 출현이 시사하는 무서운 미래」 및 같은 해 6월, 12월에 속편으로 집필한 총 9편의 기사를 바탕으로 쓴 글이다.

다만 출간에 앞서 논지를 보완하고 사례를 수집하기 위해 추가로 많은 취재를 진행했다. 전면적인 가필과 수정을 거친 데다 1장과 5장은 전부 새로 썼다. 결과적으로 양이 원래 원고의 4배 가까이 늘어났다.

빨리 감기나 건너뛰기가 의외로 많은 사람의 습관이 된 사실을 깨달은 것은 2020년 중반 무렵이다. 코로나 바이러스가 확산되는 가운데 집에서 즐길 수 있는 온라인 동영상 서비스의 수요가 급격히 확대되었다. 페이스북에서 각종 드라마에 관한 이야기가 올라오던 중에 "빨리 감기나 건너뛰기를 하며 본다"라는 사람이 눈에 들어오기 시작한 것이다. 이는 과거 내 안에서 피어오르던 '영상 작품이 콘텐츠로 불리는 시대'라는 문제의식과 자연스레 연결되었다. 그에 대한 조사가 첫 번째 기사의 형태로 결실을 맺었다.

기사의 반향은 상당했다. 영상 업계 관계자, 다양한 장르의 크리에이터, 진지한 영화 팬들은 "잘 말해주었다"라며 환영했다. 반면에 자극적인 반론도 산더미처럼 쌓였다. 개인 블로그에서 기사를 인용하거나 꼬리에 꼬리를 무는 식의 기사도 몇 편인가 나왔다.

기사는 지상파 TV 프로그램에서 두 번 거론되었고, 필자가 직접 패널로 출연하기도 했다. 주간지에서 취재를 왔고 라디오 프로그램에도 출연했다.

많은 사람이 애매하고 가려웠던 부분을 일제히 이야기하기 시작했다. 한 작가는 이렇게 말했다. "지뢰를 밟아버렸네요." 판도라의 상자를 연 기분이었다.

"중년 세대의 젊은이 비판"이라며 야유하는 의견도 일부 있었다. 하지만 이 책을 읽어본 분들이라면 아시듯이 그런 시선은 적합하지 않다. 우선 빨리 감기가 젊은 세대에게서 많이 볼 수 있는 습관이기는 하나 그들만의 습관은 아니다. 게다가 이런 현상을 단순히 비판하기보다는 수면 위로 끄집어내어 논의를 시작해보고 싶은 게 원래의 목적이었다. 깊이 고찰할수록 이 습관 자체는 우연히 드러난 현상 중 하나에 불과하고 땅속에는 말도 안 되게 넓은 '뿌리'가 있음을 확신했다. 그 뿌리는 국경을 초월해 뻗어 있었고 이국 땅에서는 전혀 다른 꽃이나 과일로 땅 위에 얼굴을 내밀고 있을 터였다. 즉 언뜻 보기에 전혀 다른 현상으로 보이는 것들(빨리 감기, 설명이 과한 작품의 증가, 경제 침체, 인터넷 발달 등)이 실은 같은 뿌리로 이어져 있었다. 그런 뿌리를 손질 없이 만연하게 만든 토양은 대체 무엇인가? 그것이 이 책에서 밝히고 싶었던 내용이다.

9편의 기사를 바탕으로 책을 구성하면서 빨리 감기가 현대사회의 어떤 점을 나타내고 있으며 창작 행위의 어떤 본질을 드러내고 있는지를 파헤쳐보았다. 그런 의미에서 이 책은 '소비'와 '감상'의 시점을 오가며 엮은 미디어론이자, 커뮤니케이션론이고, 세대론이자, 문화론이다.

이 책은 많은 분의 도움으로 완성되었다.

편집자는 필자가 보낸 아이디어에 흥미를 보였고 '현대 비즈니스'에 기사를 싣기로 즉시 결정했다. 첫 번째 기사가 입소문을 탄 후 6편을 더 쓰고 싶다는 필자의 억지를 들어주었을 뿐만 아니라 아오야마 가쿠인대학에서 강의를 한 후에 추가로 2편의 기사를 더 쓰는 데 힘이 되어 주었다. 이번 기획의 큰 은인인 셈이다.

하쿠호도 DY미디어 파트너즈 환경연구소의 모리나가 씨를 취재하며 얻은 발상이 본문의 깊이를 더해주었다. 각본가인 사토 씨. 장르를 자유자재로 오가는 박식함과 예리한 분석안은 "오픈월드화하는 각본"이라는 강력한 말로 결실을 맺었다. 필자는 사토 씨와 10년이 넘게 함께하고 있다. 빨리 감기와 관련된 작품론, 각본론, 창작론은 이전에도 자주 들은 주제다. 즉 이 책의 접근법은 기존에 나누었던 이야기에서 시작되었다. 각본가 고바야시 씨는 제작자로서 적나라한 심정을 들려주었다. 그가 모아준 니혼대학 예술학부 학생들과 온라인 커뮤니티 멤버의 의견에는 작가와 관객의 딱 중간에 위치하는 각본가 지망생이 다수 포함되어 있었고 귀한 표본이 되었따. 그 외에도 애니메이션 업계 경험과 설득력 있는 의견을 말해준 분들께 감사드린다. 그리고 유메메 씨도 빠질 수 없다. 스스로 Z세대이면서 동시에 냉철한 분석자다. 자신의 시청 스타일과 그 동기를 정확히 언어화해주었다. 그녀의 객관적 시선과 젊은 문화에 대한 깊은 이해와 지견이 없었다면 빨리 감기 시청자의 행동 원인을 이렇게 고찰하기는 어려웠을 것이다.

이 밖에도 출판사의 배려와 열의에 감사드린다. 그 외 취재자와의 대화나 지인들과의 잡담을 통해 얻은 발상, 깨달음, 키워드를 지문에 사용한 부분도 다수라는 점을 말해둔다.

이 책을 집필하면서 취재 상대나 미팅 상대를 만날 때면 "인터넷은 인류를 전혀 행복하게 만들어주지 못했군요" 하고 투덜거렸다. 빨리 감기의 배경에 자리한 온라인 동영상 서비스의 작품 공급 과다도, 메신저의 공감 강제력도, 남의 떡이 커 보이는 SNS도, 인터넷 경찰의 존재도, 모든 '답'이 가장 짧고, 가장 빠르며, 실질적으로 무료로 손에 들어오는 환경도, 전부 인터넷이 제공한 것이 아니냐며 말이다.

결국 빨리 감기는 시대적 필연이라 불러야 했다. 사람들의 욕구가 기술을 진화시키고 기술 진화가 다시 사람들의 생활 양식을 변화시킨다. 그 과정에서 생긴 빨리 감기 시청, 건너뛰기 습관은 '가급적 적은 자원으로 이윤을 최대화하려는'

자본주의 경제에서 거의 절대적 정의가 될 수 있는 조건을 모두 갖추었다. 빨리 감기가 어떻게 필연성을 획득했는지는 충분히 이해했다. 다만 그래도 역시 의문이 남는다.

영화를 빨리 감기로 본다니 대체 어찌 된 일일까?

2022년 2월
생후 3개월 된 아들 곁에서,
이나다 도요시

영화를 빨리감기로 보는 사람들

1판 1쇄 발행 2022년 11월 10일
1판 5쇄 발행 2024년 4월 5일

지은이 이나다 도요시
옮긴이 황미숙
발행인 박명곤 **CEO** 박지성 **CFO** 김영은
기획편집1팀 채대광, 김준원, 이승미, 이상지
기획편집2팀 박일귀, 이은빈, 강민형, 이지은, 박고은
디자인팀 구경표, 구혜민, 임지선
마케팅팀 임우열, 김은지, 이호, 최고은

펴낸곳 (주)현대지성
출판등록 제406-2014-000124호
전화 070-7791-2136 **팩스** 0303-3444-2136
주소 서울시 강서구 마곡중앙6로 40, 장흥빌딩 10층
홈페이지 www.hdjisung.com **이메일** support@hdjisung.com
제작처 영신사

ⓒ 현대지성 2022

"Curious and Creative people make Inspiring Contents"
현대지성은 여러분의 의견 하나하나를 소중히 받고 있습니다.
원고 투고, 오탈자 제보, 제휴 제안은 support@hdjisung.com으로 보내 주세요.

현대지성 홈페이지

이 책을 만든 사람들
기획·편집 이은빈 **디자인** 구경표